全国普法学习

最新社会实用法律法规读本

医疗保障法律法规学习读本

社会保障法律法规

魏光朴　主编

汕头大学出版社

图书在版编目（CIP）数据

社会保障法律法规/魏光朴主编. -- 汕头：汕头大学出版社，2023.4（重印）

（医疗保障法律法规学习读本）

ISBN 978-7-5658-3208-6

Ⅰ.①社… Ⅱ.①魏… Ⅲ.①社会保障-法律-中国-学习参考资料 Ⅳ.①D922.182.34

中国版本图书馆 CIP 数据核字（2017）第 254805 号

社会保障法律法规　　SHEHUI BAOZHANG FALÜ FAGUI

主　　编：	魏光朴
责任编辑：	邹　峰
责任技编：	黄东生
封面设计：	大华文苑
出版发行：	汕头大学出版社
	广东省汕头市大学路 243 号汕头大学校园内　邮政编码：515063
电　　话：	0754-82904613
印　　刷：	三河市元兴印务有限公司
开　　本：	690mm×960mm 1/16
印　　张：	18
字　　数：	226 千字
版　　次：	2017 年 10 月第 1 版
印　　次：	2023 年 4 月第 2 次印刷
定　　价：	59.60 元（全 2 册）

ISBN 978-7-5658-3208-6

版权所有，翻版必究

如发现印装质量问题，请与承印厂联系退换

前 言

习近平总书记指出："推进全民守法，必须着力增强全民法治观念。要坚持把全民普法和守法作为依法治国的长期基础性工作，采取有力措施加强法制宣传教育。要坚持法治教育从娃娃抓起，把法治教育纳入国民教育体系和精神文明创建内容，由易到难、循序渐进不断增强青少年的规则意识。要健全公民和组织守法信用记录，完善守法诚信褒奖机制和违法失信行为惩戒机制，形成守法光荣、违法可耻的社会氛围，使遵法守法成为全体人民共同追求和自觉行动。"

中共中央、国务院曾经转发了中央宣传部、司法部关于在公民中开展法治宣传教育的规划，并发出通知，要求各地区各部门结合实际认真贯彻执行。通知指出，全民普法和守法是依法治国的长期基础性工作。深入开展法治宣传教育，是全面建成小康社会和新农村的重要保障。

普法规划指出：各地区各部门要根据实际需要，从不同群体的特点出发，因地制宜开展有特色的法治宣传教育坚持集中法治宣传教育与经常性法治宣传教育相结合，深化法律进机关、进乡村、进社区、进学校、进企业、进单位的"法律六进"主题活动，完善工作标准，建立长效机制。

特别是农业、农村和农民问题，始终是关系党和人民事业发展的全局性和根本性问题。党中央、国务院发布的《关于推进社会主义新农村建设的若干意见》中明确提出要"加强农村法制建设，深入开展农村普法教育，增强农民的法制观念，提高农民依法行使权利和履行义务的自觉性。"多年普法实践证明，普及法律知识，提高法制观念，增强全社会依法办事意识具有重要作用。特别是在广大农村进行普法教育，是提高全民法律素质的需要。

多年来，我国在农村实行的改革开放取得了极大成功，农村发生了翻天覆地的变化，广大农民生活水平大大得到了提高。但是，由于历史和社会等原因，现阶段我国一些地区农民文化素质还不高，不学法、不懂法、不守法现象虽然较原来有所改变，但仍有相当一部分群众的法制观念仍很淡化，不懂、不愿借助法律来保护自身权益，这就极易受到不法的侵害，或极易进行违法犯罪活动，严重阻碍了全面建成小康社会和新农村步伐。

为此，根据党和政府的指示精神以及普法规划，特别是根据广大农村农民的现状，在有关部门和专家的指导下，特别编辑了这套《全国普法学习读本》。主要包括了广大人民群众应知应懂、实际实用的法律法规。为了辅导学习，附录还收入了相应法律法规的条例准则、实施细则、解读解答、案例分析等；同时为了突出法律法规的实际实用特点，兼顾地方性和特殊性，附录还收入了部分某些地方性法律法规以及非法律法规的政策文件、管理制度、应用表格等内容，拓展了本书的知识范围，使法律法规更"接地气"，便于读者学习掌握和实际应用。

在众多法律法规中，我们通过甄别，淘汰了废止的，精选了最新的、权威的和全面的。但有部分法律法规有些条款不适应当下情况了，却没有颁布新的，我们又不能擅自改动，只得保留原有条款，但附录却有相应的补充修改意见或通知等。众多法律法规根据不同内容和受众特点，经过归类组合，优化配套。整套普法读本非常全面系统，具有很强的学习性、实用性和指导性，非常适合用于广大农村和城乡普法学习教育与实践指导。总之，是全国全民普法的良好读本。

目　录

中华人民共和国社会保险法

第一章　总　则 …………………………………………（1）
第二章　基本养老保险 …………………………………（2）
第三章　基本医疗保险 …………………………………（4）
第四章　工伤保险 ………………………………………（6）
第五章　失业保险 ………………………………………（8）
第六章　生育保险 ………………………………………（9）
第七章　社会保险费征缴 ………………………………（10）
第八章　社会保险基金 …………………………………（12）
第九章　社会保险经办 …………………………………（13）
第十章　社会保险监督 …………………………………（14）
第十一章　法律责任 ……………………………………（16）
第十二章　附　则 ………………………………………（17）

附　录

实施《中华人民共和国社会保险法》若干规定 ………（18）
全国人民代表大会常务委员会关于授权国务院在河北省邯郸市等
　　12个试点城市行政区域暂时调整适用《中华人民共和国
　　社会保险法》有关规定的决定 ……………………（25）
江苏省新型农村合作医疗条例 …………………………（27）
大兴安岭地区新农合大病保险实施方案 ………………（39）
庆阳市新型农村合作医疗管理办法 ……………………（45）
宜昌市新型农村合作医疗大病保险实施办法 …………（53）

— 1 —

基本医疗保障有关政策

城镇职工基本医疗保险用药范围管理暂行办法……………（56）
城镇职工基本医疗保险定点医疗机构管理暂行办法………（60）
城镇职工基本医疗保险定点零售药店管理暂行办法………（64）
基本医疗保障参保（合）凭证样张、标准格式及
　　填写要求…………………………………………………（67）
流动就业人员基本医疗保险关系转移接续业务经办规程……（68）
机关事业单位基本养老保险关系和职业年金转移接续
　　经办规程（暂行）…………………………………………（71）
中国人民解放军军人退役医疗保险暂行办法………………（84）
附　录
　　国务院关于整合城乡居民基本医疗保险制度的意见………（88）
　　生育保险和职工基本医疗保险合并实施试点方案…………（94）
　　关于做好进城落户农民参加基本医疗保险和关系转移
　　　　接续工作的办法……………………………………（98）
　　关于进一步做好基本医疗保险异地就医医疗费用
　　　　结算工作的指导意见…………………………………（102）
　　人力资源社会保障部办公厅关于进一步加强基本医疗保险
　　　　异地就医监管的通知…………………………………（107）

全国社会保障基金条例

第一章　总　则…………………………………………………（110）
第二章　全国社会保障基金的管理运营………………………（111）
第三章　全国社会保障基金的监督……………………………（113）
第四章　法律责任………………………………………………（114）
第五章　附　则…………………………………………………（115）

附 录

人力资源社会保障部关于加强和改进人力资源社会保障领域
　　公共服务的意见……………………………………………（116）
人力资源社会保障领域基本公共服务事项参考目录………（123）
人力资源社会保障部办公厅、总后勤部财务部关于军人退役
　　参加机关事业单位养老保险有关问题的通知……………（124）

社会保险欺诈案件管理办法

第一章　总　则………………………………………（126）
第二章　记录管理和流程监控………………………（127）
第三章　立案和查处管理……………………………（128）
第四章　案件移送管理………………………………（130）
第五章　重大案件督办………………………………（131）
第六章　案件立卷归档………………………………（133）
第七章　案件质量评查………………………………（134）
第八章　案件分析和报告……………………………（135）
第九章　监督检查……………………………………（136）
第十章　附　则………………………………………（136）

中华人民共和国社会保险法

中华人民共和国主席令
第三十五号

《中华人民共和国社会保险法》已由中华人民共和国第十一届全国人民代表大会常务委员会第十七次会议于 2010 年 10 月 28 日通过，现予公布，自 2011 年 7 月 1 日起施行。

中华人民共和国主席　胡锦涛
2010 年 10 月 28 日

第一章　总　则

第一条　为了规范社会保险关系，维护公民参加社会保险和享受社会保险待遇的合法权益，使公民共享发展成果，促进社会和谐稳定，根据宪法，制定本法。

第二条　国家建立基本养老保险、基本医疗保险、工伤保险、失业保险、生育保险等社会保险制度，保障公民在年老、疾病、工伤、失业、生育等情况下依法从国家和社会获得物质帮助的权利。

第三条　社会保险制度坚持广覆盖、保基本、多层次、可持续的方针，社会保险水平应当与经济社会发展水平相适应。

第四条　中华人民共和国境内的用人单位和个人依法缴纳社会保险费，有权查询缴费记录、个人权益记录，要求社会保险经办机构提供社会保险咨询等相关服务。

个人依法享受社会保险待遇，有权监督本单位为其缴费情况。

第五条　县级以上人民政府将社会保险事业纳入国民经济和社会发展规划。

国家多渠道筹集社会保险资金。县级以上人民政府对社会保险事业给予必要的经费支持。

国家通过税收优惠政策支持社会保险事业。

第六条　国家对社会保险基金实行严格监管。

国务院和省、自治区、直辖市人民政府建立健全社会保险基金监督管理制度，保障社会保险基金安全、有效运行。

县级以上人民政府采取措施，鼓励和支持社会各方面参与社会保险基金的监督。

第七条　国务院社会保险行政部门负责全国的社会保险管理工作，国务院其他有关部门在各自的职责范围内负责有关的社会保险工作。

县级以上地方人民政府社会保险行政部门负责本行政区域的社会保险管理工作，县级以上地方人民政府其他有关部门在各自的职责范围内负责有关的社会保险工作。

第八条　社会保险经办机构提供社会保险服务，负责社会保险登记、个人权益记录、社会保险待遇支付等工作。

第九条　工会依法维护职工的合法权益，有权参与社会保险重大事项的研究，参加社会保险监督委员会，对与职工社会保险权益有关的事项进行监督。

第二章　基本养老保险

第十条　职工应当参加基本养老保险，由用人单位和职工共同缴纳基本养老保险费。

无雇工的个体工商户、未在用人单位参加基本养老保险的非全日制从业人员以及其他灵活就业人员可以参加基本养老保险，由个人缴纳基本养老保险费。

公务员和参照公务员法管理的工作人员养老保险的办法由国务院规定。

第十一条 基本养老保险实行社会统筹与个人账户相结合。

基本养老保险基金由用人单位和个人缴费以及政府补贴等组成。

第十二条 用人单位应当按照国家规定的本单位职工工资总额的比例缴纳基本养老保险费，记入基本养老保险统筹基金。

职工应当按照国家规定的本人工资的比例缴纳基本养老保险费，记入个人账户。

无雇工的个体工商户、未在用人单位参加基本养老保险的非全日制从业人员以及其他灵活就业人员参加基本养老保险的，应当按照国家规定缴纳基本养老保险费，分别记入基本养老保险统筹基金和个人账户。

第十三条 国有企业、事业单位职工参加基本养老保险前，视同缴费年限期间应当缴纳的基本养老保险费由政府承担。

基本养老保险基金出现支付不足时，政府给予补贴。

第十四条 个人账户不得提前支取，记账利率不得低于银行定期存款利率，免征利息税。个人死亡的，个人账户余额可以继承。

第十五条 基本养老金由统筹养老金和个人账户养老金组成。

基本养老金根据个人累计缴费年限、缴费工资、当地职工平均工资、个人账户金额、城镇人口平均预期寿命等因素确定。

第十六条 参加基本养老保险的个人，达到法定退休年龄时累计缴费满十五年的，按月领取基本养老金。

参加基本养老保险的个人，达到法定退休年龄时累计缴费不足十五年的，可以缴费至满十五年，按月领取基本养老金；也可以转入新型农村社会养老保险或者城镇居民社会养老保险，按照国务院规定享受相应的养老保险待遇。

第十七条　参加基本养老保险的个人，因病或者非因工死亡的，其遗属可以领取丧葬补助金和抚恤金；在未达到法定退休年龄时因病或者非因工致残完全丧失劳动能力的，可以领取病残津贴。所需资金从基本养老保险基金中支付。

第十八条　国家建立基本养老金正常调整机制。根据职工平均工资增长、物价上涨情况，适时提高基本养老保险待遇水平。

第十九条　个人跨统筹地区就业的，其基本养老保险关系随本人转移，缴费年限累计计算。个人达到法定退休年龄时，基本养老金分段计算、统一支付。具体办法由国务院规定。

第二十条　国家建立和完善新型农村社会养老保险制度。

新型农村社会养老保险实行个人缴费、集体补助和政府补贴相结合。

第二十一条　新型农村社会养老保险待遇由基础养老金和个人账户养老金组成。

参加新型农村社会养老保险的农村居民，符合国家规定条件的，按月领取新型农村社会养老保险待遇。

第二十二条　国家建立和完善城镇居民社会养老保险制度。

省、自治区、直辖市人民政府根据实际情况，可以将城镇居民社会养老保险和新型农村社会养老保险合并实施。

第三章　基本医疗保险

第二十三条　职工应当参加职工基本医疗保险，由用人单位和职工按照国家规定共同缴纳基本医疗保险费。

无雇工的个体工商户、未在用人单位参加职工基本医疗保险的非全日制从业人员以及其他灵活就业人员可以参加职工基本医疗保险，由个人按照国家规定缴纳基本医疗保险费。

第二十四条　国家建立和完善新型农村合作医疗制度。

新型农村合作医疗的管理办法，由国务院规定。

第二十五条 国家建立和完善城镇居民基本医疗保险制度。

城镇居民基本医疗保险实行个人缴费和政府补贴相结合。

享受最低生活保障的人、丧失劳动能力的残疾人、低收入家庭六十周岁以上的老年人和未成年人等所需个人缴费部分，由政府给予补贴。

第二十六条 职工基本医疗保险、新型农村合作医疗和城镇居民基本医疗保险的待遇标准按照国家规定执行。

第二十七条 参加职工基本医疗保险的个人，达到法定退休年龄时累计缴费达到国家规定年限的，退休后不再缴纳基本医疗保险费，按照国家规定享受基本医疗保险待遇；未达到国家规定年限的，可以缴费至国家规定年限。

第二十八条 符合基本医疗保险药品目录、诊疗项目、医疗服务设施标准以及急诊、抢救的医疗费用，按照国家规定从基本医疗保险基金中支付。

第二十九条 参保人员医疗费用中应当由基本医疗保险基金支付的部分，由社会保险经办机构与医疗机构、药品经营单位直接结算。

社会保险行政部门和卫生行政部门应当建立异地就医医疗费用结算制度，方便参保人员享受基本医疗保险待遇。

第三十条 下列医疗费用不纳入基本医疗保险基金支付范围：

（一）应当从工伤保险基金中支付的；

（二）应当由第三人负担的；

（三）应当由公共卫生负担的；

（四）在境外就医的。

医疗费用依法应当由第三人负担，第三人不支付或者无法确定第三人的，由基本医疗保险基金先行支付。基本医疗保险基金先行支付后，有权向第三人追偿。

第三十一条 社会保险经办机构根据管理服务的需要，可以与医疗机构、药品经营单位签订服务协议，规范医疗服务行为。

医疗机构应当为参保人员提供合理、必要的医疗服务。

第三十二条　个人跨统筹地区就业的，其基本医疗保险关系随本人转移，缴费年限累计计算。

第四章　工伤保险

第三十三条　职工应当参加工伤保险，由用人单位缴纳工伤保险费，职工不缴纳工伤保险费。

第三十四条　国家根据不同行业的工伤风险程度确定行业的差别费率，并根据使用工伤保险基金、工伤发生率等情况在每个行业内确定费率档次。行业差别费率和行业内费率档次由国务院社会保险行政部门制定，报国务院批准后公布施行。

社会保险经办机构根据用人单位使用工伤保险基金、工伤发生率和所属行业费率档次等情况，确定用人单位缴费费率。

第三十五条　用人单位应当按照本单位职工工资总额，根据社会保险经办机构确定的费率缴纳工伤保险费。

第三十六条　职工因工作原因受到事故伤害或者患职业病，且经工伤认定的，享受工伤保险待遇；其中，经劳动能力鉴定丧失劳动能力的，享受伤残待遇。

工伤认定和劳动能力鉴定应当简捷、方便。

第三十七条　职工因下列情形之一导致本人在工作中伤亡的，不认定为工伤：

（一）故意犯罪；

（二）醉酒或者吸毒；

（三）自残或者自杀；

（四）法律、行政法规规定的其他情形。

第三十八条　因工伤发生的下列费用，按照国家规定从工伤保险基金中支付：

（一）治疗工伤的医疗费用和康复费用；

（二）住院伙食补助费；

（三）到统筹地区以外就医的交通食宿费；

（四）安装配置伤残辅助器具所需费用；

（五）生活不能自理的，经劳动能力鉴定委员会确认的生活护理费；

（六）一次性伤残补助金和一至四级伤残职工按月领取的伤残津贴；

（七）终止或者解除劳动合同时，应当享受的一次性医疗补助金；

（八）因工死亡的，其遗属领取的丧葬补助金、供养亲属抚恤金和因工死亡补助金；

（九）劳动能力鉴定费。

第三十九条 因工伤发生的下列费用，按照国家规定由用人单位支付：

（一）治疗工伤期间的工资福利；

（二）五级、六级伤残职工按月领取的伤残津贴；

（三）终止或者解除劳动合同时，应当享受的一次性伤残就业补助金。

第四十条 工伤职工符合领取基本养老金条件的，停发伤残津贴，享受基本养老保险待遇。基本养老保险待遇低于伤残津贴的，从工伤保险基金中补足差额。

第四十一条 职工所在用人单位未依法缴纳工伤保险费，发生工伤事故的，由用人单位支付工伤保险待遇。用人单位不支付的，从工伤保险基金中先行支付。

从工伤保险基金中先行支付的工伤保险待遇应当由用人单位偿还。用人单位不偿还的，社会保险经办机构可以依照本法第六十三条的规定追偿。

第四十二条 由于第三人的原因造成工伤，第三人不支付工伤医疗费用或者无法确定第三人的，由工伤保险基金先行支付。工伤保险基金先行支付后，有权向第三人追偿。

第四十三条　工伤职工有下列情形之一的，停止享受工伤保险待遇：

（一）丧失享受待遇条件的；

（二）拒不接受劳动能力鉴定的；

（三）拒绝治疗的。

第五章　失业保险

第四十四条　职工应当参加失业保险，由用人单位和职工按照国家规定共同缴纳失业保险费。

第四十五条　失业人员符合下列条件的，从失业保险基金中领取失业保险金：

（一）失业前用人单位和本人已经缴纳失业保险费满一年的；

（二）非因本人意愿中断就业的；

（三）已经进行失业登记，并有求职要求的。

第四十六条　失业人员失业前用人单位和本人累计缴费满一年不足五年的，领取失业保险金的期限最长为十二个月；累计缴费满五年不足十年的，领取失业保险金的期限最长为十八个月；累计缴费十年以上的，领取失业保险金的期限最长为二十四个月。重新就业后，再次失业的，缴费时间重新计算，领取失业保险金的期限与前次失业应当领取而尚未领取的失业保险金的期限合并计算，最长不超过二十四个月。

第四十七条　失业保险金的标准，由省、自治区、直辖市人民政府确定，不得低于城市居民最低生活保障标准。

第四十八条　失业人员在领取失业保险金期间，参加职工基本医疗保险，享受基本医疗保险待遇。

失业人员应当缴纳的基本医疗保险费从失业保险基金中支付，

个人不缴纳基本医疗保险费。

第四十九条 失业人员在领取失业保险金期间死亡的，参照当地对在职职工死亡的规定，向其遗属发给一次性丧葬补助金和抚恤金。所需资金从失业保险基金中支付。

个人死亡同时符合领取基本养老保险丧葬补助金、工伤保险丧葬补助金和失业保险丧葬补助金条件的，其遗属只能选择领取其中的一项。

第五十条 用人单位应当及时为失业人员出具终止或者解除劳动关系的证明，并将失业人员的名单自终止或者解除劳动关系之日起十五日内告知社会保险经办机构。

失业人员应当持本单位为其出具的终止或者解除劳动关系的证明，及时到指定的公共就业服务机构办理失业登记。

失业人员凭失业登记证明和个人身份证明，到社会保险经办机构办理领取失业保险金的手续。失业保险金领取期限自办理失业登记之日起计算。

第五十一条 失业人员在领取失业保险金期间有下列情形之一的，停止领取失业保险金，并同时停止享受其他失业保险待遇：

（一）重新就业的；

（二）应征服兵役的；

（三）移居境外的；

（四）享受基本养老保险待遇的；

（五）无正当理由，拒不接受当地人民政府指定部门或者机构介绍的适当工作或者提供的培训的。

第五十二条 职工跨统筹地区就业的，其失业保险关系随本人转移，缴费年限累计计算。

第六章 生育保险

第五十三条 职工应当参加生育保险，由用人单位按照国家规定缴纳生育保险费，职工不缴纳生育保险费。

第五十四条 用人单位已经缴纳生育保险费的，其职工享受生育保险待遇；职工未就业配偶按照国家规定享受生育医疗费用待遇。所需资金从生育保险基金中支付。

生育保险待遇包括生育医疗费用和生育津贴。

第五十五条 生育医疗费用包括下列各项：

（一）生育的医疗费用；

（二）计划生育的医疗费用；

（三）法律、法规规定的其他项目费用。

第五十六条 职工有下列情形之一的，可以按照国家规定享受生育津贴：

（一）女职工生育享受产假；

（二）享受计划生育手术休假；

（三）法律、法规规定的其他情形。

生育津贴按照职工所在用人单位上年度职工月平均工资计发。

第七章 社会保险费征缴

第五十七条 用人单位应当自成立之日起三十日内凭营业执照、登记证书或者单位印章，向当地社会保险经办机构申请办理社会保险登记。社会保险经办机构应当自收到申请之日起十五日内予以审核，发给社会保险登记证件。

用人单位的社会保险登记事项发生变更或者用人单位依法终止的，应当自变更或者终止之日起三十日内，到社会保险经办机构办理变更或者注销社会保险登记。

工商行政管理部门、民政部门和机构编制管理机关应当及时向社会保险经办机构通报用人单位的成立、终止情况，公安机关应当及时向社会保险经办机构通报个人的出生、死亡以及户口登记、迁移、注销等情况。

第五十八条 用人单位应当自用工之日起三十日内为其职工向社会保险经办机构申请办理社会保险登记。未办理社会保险登记的，由社会保险经办机构核定其应当缴纳的社会保险费。

自愿参加社会保险的无雇工的个体工商户、未在用人单位参加社会保险的非全日制从业人员以及其他灵活就业人员，应当向社会保险经办机构申请办理社会保险登记。

国家建立全国统一的个人社会保障号码。个人社会保障号码为公民身份号码。

第五十九条 县级以上人民政府加强社会保险费的征收工作。

社会保险费实行统一征收，实施步骤和具体办法由国务院规定。

第六十条 用人单位应当自行申报、按时足额缴纳社会保险费，非因不可抗力等法定事由不得缓缴、减免。职工应当缴纳的社会保险费由用人单位代扣代缴，用人单位应当按月将缴纳社会保险费的明细情况告知本人。

无雇工的个体工商户、未在用人单位参加社会保险的非全日制从业人员以及其他灵活就业人员，可以直接向社会保险费征收机构缴纳社会保险费。

第六十一条 社会保险费征收机构应当依法按时足额征收社会保险费，并将缴费情况定期告知用人单位和个人。

第六十二条 用人单位未按规定申报应当缴纳的社会保险费数额的，按照该单位上月缴费额的百分之一百一十确定应当缴纳数额；缴费单位补办申报手续后，由社会保险费征收机构按照规定结算。

第六十三条 用人单位未按时足额缴纳社会保险费的，由社会保险费征收机构责令其限期缴纳或者补足。

用人单位逾期仍未缴纳或者补足社会保险费的，社会保险费征收机构可以向银行和其他金融机构查询其存款账户；并可以申请县级以上有关行政部门作出划拨社会保险费的决定，书面通知其开户银行或者其他金融机构划拨社会保险费。用人单位账户余额少于应当缴纳的社会保险费的,社会保险费征收机构可以要求该用人单位提供担保,签订延期缴费协议。

用人单位未足额缴纳社会保险费且未提供担保的,社会保险费征收机构可以申请人民法院扣押、查封、拍卖其价值相当于应当缴纳社会保险费的财产,以拍卖所得抵缴社会保险费。

第八章　社会保险基金

第六十四条　社会保险基金包括基本养老保险基金、基本医疗保险基金、工伤保险基金、失业保险基金和生育保险基金。各项社会保险基金按照社会保险险种分别建账,分账核算,执行国家统一的会计制度。

社会保险基金专款专用,任何组织和个人不得侵占或者挪用。

基本养老保险基金逐步实行全国统筹,其他社会保险基金逐步实行省级统筹,具体时间、步骤由国务院规定。

第六十五条　社会保险基金通过预算实现收支平衡。

县级以上人民政府在社会保险基金出现支付不足时,给予补贴。

第六十六条　社会保险基金按照统筹层次设立预算。社会保险基金预算按照社会保险项目分别编制。

第六十七条　社会保险基金预算、决算草案的编制、审核和批准,依照法律和国务院规定执行。

第六十八条　社会保险基金存入财政专户,具体管理办法由国务院规定。

第六十九条　社会保险基金在保证安全的前提下,按照国务院规定投资运营实现保值增值。

社会保险基金不得违规投资运营,不得用于平衡其他政府预算,不得用于兴建、改建办公场所和支付人员经费、运行费用、管理费用,或者违反法律、行政法规规定挪作其他用途。

第七十条　社会保险经办机构应当定期向社会公布参加社会保

险情况以及社会保险基金的收入、支出、结余和收益情况。

第七十一条 国家设立全国社会保障基金,由中央财政预算拨款以及国务院批准的其他方式筹集的资金构成,用于社会保障支出的补充、调剂。全国社会保障基金由全国社会保障基金管理运营机构负责管理运营,在保证安全的前提下实现保值增值。

全国社会保障基金应当定期向社会公布收支、管理和投资运营的情况。国务院财政部门、社会保险行政部门、审计机关对全国社会保障基金的收支、管理和投资运营情况实施监督。

第九章 社会保险经办

第七十二条 统筹地区设立社会保险经办机构。社会保险经办机构根据工作需要,经所在地的社会保险行政部门和机构编制管理机关批准,可以在本统筹地区设立分支机构和服务网点。

社会保险经办机构的人员经费和经办社会保险发生的基本运行费用、管理费用,由同级财政按照国家规定予以保障。

第七十三条 社会保险经办机构应当建立健全业务、财务、安全和风险管理制度。

社会保险经办机构应当按时足额支付社会保险待遇。

第七十四条 社会保险经办机构通过业务经办、统计、调查获取社会保险工作所需的数据,有关单位和个人应当及时、如实提供。

社会保险经办机构应当及时为用人单位建立档案,完整、准确地记录参加社会保险的人员、缴费等社会保险数据,妥善保管登记、申报的原始凭证和支付结算的会计凭证。

社会保险经办机构应当及时、完整、准确地记录参加社会保险的个人缴费和用人单位为其缴费,以及享受社会保险待遇等个人权益记录,定期将个人权益记录单免费寄送本人。

用人单位和个人可以免费向社会保险经办机构查询、核对其缴费和享受社会保险待遇记录,要求社会保险经办机构提供社会保咨询等相关服务。

第七十五条　全国社会保险信息系统按照国家统一规划，由县级以上人民政府按照分级负责的原则共同建设。

第十章　社会保险监督

第七十六条　各级人民代表大会常务委员会听取和审议本级人民政府对社会保险基金的收支、管理、投资运营以及监督检查情况的专项工作报告，组织对本法实施情况的执法检查等，依法行使监督职权。

第七十七条　县级以上人民政府社会保险行政部门应当加强对用人单位和个人遵守社会保险法律、法规情况的监督检查。

社会保险行政部门实施监督检查时，被检查的用人单位和个人应当如实提供与社会保险有关的资料，不得拒绝检查或者谎报、瞒报。

第七十八条　财政部门、审计机关按照各自职责，对社会保险基金的收支、管理和投资运营情况实施监督。

第七十九条　社会保险行政部门对社会保险基金的收支、管理和投资运营情况进行监督检查，发现存在问题的，应当提出整改建议，依法作出处理决定或者向有关行政部门提出处理建议。社会保险基金检查结果应当定期向社会公布。

社会保险行政部门对社会保险基金实施监督检查，有权采取下列措施：

（一）查阅、记录、复制与社会保险基金收支、管理和投资运营相关的资料，对可能被转移、隐匿或者灭失的资料予以封存；

（二）询问与调查事项有关的单位和个人，要求其对与调查事项有关的问题作出说明、提供有关证明材料；

（三）对隐匿、转移、侵占、挪用社会保险基金的行为予以制止并责令改正。

第八十条　统筹地区人民政府成立由用人单位代表、参保人员代表，以及工会代表、专家等组成的社会保险监督委员会，掌握、分析社会保险基金的收支、管理和投资运营情况，对社会保险工作提出咨询意见和建议，实施社会监督。

社会保险经办机构应当定期向社会保险监督委员会汇报社会保险基金的收支、管理和投资运营情况。社会保险监督委员会可以聘请会计师事务所对社会保险基金的收支、管理和投资运营情况进行年度审计和专项审计。审计结果应当向社会公开。

社会保险监督委员会发现社会保险基金收支、管理和投资运营中存在问题的，有权提出改正建议；对社会保险经办机构及其工作人员的违法行为，有权向有关部门提出依法处理建议。

第八十一条 社会保险行政部门和其他有关行政部门、社会保险经办机构、社会保险费征收机构及其工作人员，应当依法为用人单位和个人的信息保密，不得以任何形式泄露。

第八十二条 任何组织或者个人有权对违反社会保险法律、法规的行为进行举报、投诉。

社会保险行政部门、卫生行政部门、社会保险经办机构、社会保险费征收机构和财政部门、审计机关对属于本部门、本机构职责范围的举报、投诉，应当依法处理；对不属于本部门、本机构职责范围的，应当书面通知并移交有权处理的部门、机构处理。有权处理的部门、机构应当及时处理，不得推诿。

第八十三条 用人单位或者个人认为社会保险费征收机构的行为侵害自己合法权益的，可以依法申请行政复议或者提起行政诉讼。

用人单位或者个人对社会保险经办机构不依法办理社会保险登记、核定社会保险费、支付社会保险待遇、办理社会保险转移接续手续或者侵害其他社会保险权益的行为，可以依法申请行政复议或者提起行政诉讼。

个人与所在用人单位发生社会保险争议的，可以依法申请调解、仲裁，提起诉讼。用人单位侵害个人社会保险权益的，个人也可以要求社会保险行政部门或者社会保险费征收机构依法处理。

第十一章 法律责任

第八十四条 用人单位不办理社会保险登记的,由社会保险行政部门责令限期改正;逾期不改正的,对用人单位处应缴社会保险费数额一倍以上三倍以下的罚款,对其直接负责的主管人员和其他直接责任人员处五百元以上三千元以下的罚款。

第八十五条 用人单位拒不出具终止或者解除劳动关系证明的,依照《中华人民共和国劳动合同法》的规定处理。

第八十六条 用人单位未按时足额缴纳社会保险费的,由社会保险费征收机构责令限期缴纳或者补足,并自欠缴之日起,按日加收万分之五的滞纳金;逾期仍不缴纳的,由有关行政部门处欠缴数额一倍以上三倍以下的罚款。

第八十七条 社会保险经办机构以及医疗机构、药品经营单位等社会保险服务机构以欺诈、伪造证明材料或者其他手段骗取社会保险基金支出的,由社会保险行政部门责令退回骗取的社会保险金,处骗取金额二倍以上五倍以下的罚款;属于社会保险服务机构的,解除服务协议;直接负责的主管人员和其他直接责任人员有执业资格的,依法吊销其执业资格。

第八十八条 以欺诈、伪造证明材料或者其他手段骗取社会保险待遇的,由社会保险行政部门责令退回骗取的社会保险金,处骗取金额二倍以上五倍以下的罚款。

第八十九条 社会保险经办机构及其工作人员有下列行为之一的,由社会保险行政部门责令改正;给社会保险基金、用人单位或者个人造成损失的,依法承担赔偿责任;对直接负责的主管人员和其他直接责任人员依法给予处分:

(一) 未履行社会保险法定职责的;

(二) 未将社会保险基金存入财政专户的;

(三) 克扣或者拒不按时支付社会保险待遇的;

（四）丢失或者篡改缴费记录、享受社会保险待遇记录等社会保险数据、个人权益记录的；

（五）有违反社会保险法律、法规的其他行为的。

第九十条　社会保险费征收机构擅自更改社会保险费缴费基数、费率，导致少收或者多收社会保险费的，由有关行政部门责令其追缴应当缴纳的社会保险费或者退还不应当缴纳的社会保险费；对直接负责的主管人员和其他直接责任人员依法给予处分。

第九十一条　违反本法规定，隐匿、转移、侵占、挪用社会保险基金或者违规投资运营的，由社会保险行政部门、财政部门、审计机关责令追回；有违法所得的，没收违法所得；对直接负责的主管人员和其他直接责任人员依法给予处分。

第九十二条　社会保险行政部门和其他有关行政部门、社会保险经办机构、社会保险费征收机构及其工作人员泄露用人单位和个人信息的，对直接负责的主管人员和其他直接责任人员依法给予处分；给用人单位或者个人造成损失的，应当承担赔偿责任。

第九十三条　国家工作人员在社会保险管理、监督工作中滥用职权、玩忽职守、徇私舞弊的，依法给予处分。

第九十四条　违反本法规定，构成犯罪的，依法追究刑事责任。

第十二章　附　则

第九十五条　进城务工的农村居民依照本法规定参加社会保险。

第九十六条　征收农村集体所有的土地，应当足额安排被征地农民的社会保险费，按照国务院规定将被征地农民纳入相应的社会保险制度。

第九十七条　外国人在中国境内就业的，参照本法规定参加社会保险。

第九十八条　本法自 2011 年 7 月 1 日起施行。

附 录

实施《中华人民共和国社会保险法》若干规定

中华人民共和国人力资源和社会保障部令

第 13 号

《实施〈中华人民共和国社会保险法〉若干规定》已经人力资源和社会保障部第 67 次部务会审议通过，现予公布，自 2011 年 7 月 1 日起施行。

人力资源和社会保障部部长
二〇一一年六月二十九日

为了实施《中华人民共和国社会保险法》（以下简称社会保险法），制定本规定。

第一章 关于基本养老保险

第一条 社会保险法第十五条规定的统筹养老金，按照国务院规定的基础养老金计发办法计发。

第二条 参加职工基本养老保险的个人达到法定退休年龄时，累计缴费不足十五年的，可以延长缴费至满十五年。社会保险法实施前参保、延长缴费五年后仍不足十五年的，可以一次性缴费至满十五年。

第三条 参加职工基本养老保险的个人达到法定退休年龄后，累计缴费不足十五年（含依照第二条规定延长缴费）的，可以申请转入户籍所在地新型农村社会养老保险或者城镇居民社会养老保险，享受相应的养老保险待遇。

参加职工基本养老保险的个人达到法定退休年龄后，累计缴费不足十五年（含依照第二条规定延长缴费），且未转入新型农村社会养老保险或者城镇居民社会养老保险的，个人可以书面申请终止职工基本养老保险关系。社会保险经办机构收到申请后，应当书面告知其转入新型农村社会养老保险或者城镇居民社会养老保险的权利以及终止职工基本养老保险关系的后果，经本人书面确认后，终止其职工基本养老保险关系，并将个人账户储存额一次性支付给本人。

第四条 参加职工基本养老保险的个人跨省流动就业，达到法定退休年龄时累计缴费不足十五年的，按照《国务院办公厅关于转发人力资源社会保障部财政部城镇企业职工基本养老保险关系转移接续暂行办法的通知》（国办发〔2009〕66号）有关待遇领取地的规定确定继续缴费地后，按照本规定第二条办理。

第五条 参加职工基本养老保险的个人跨省流动就业，符合按月领取基本养老金条件时，基本养老金分段计算、统一支付的具体办法，按照《国务院办公厅关于转发人力资源社会保障部财政部城镇企业职工基本养老保险关系转移接续暂行办法的通知》（国办发〔2009〕66号）执行。

第六条 职工基本养老保险个人账户不得提前支取。个人在达到法定的领取基本养老金条件前离境定居的，其个人账户予以保留，达到法定领取条件时，按照国家规定享受相应的养老保险待遇。其中，丧失中华人民共和国国籍的，可以在其离境时或者离境后书面申请终止职工基本养老保险关系。社会保险经办机构收到申请后，应当书面告知其保留个人账户的权利以及终止职工基本养老保险关系的后果，经本人书面确认后，终止其职工基本养老保险关系，并将个人账户储存额一次性支付给本人。

参加职工基本养老保险的个人死亡后，其个人账户中的余额可以全部依法继承。

第二章　关于基本医疗保险

第七条　社会保险法第二十七条规定的退休人员享受基本医疗保险待遇的缴费年限按照各地规定执行。

参加职工基本医疗保险的个人，基本医疗保险关系转移接续时，基本医疗保险缴费年限累计计算。

第八条　参保人员在协议医疗机构发生的医疗费用，符合基本医疗保险药品目录、诊疗项目、医疗服务设施标准的，按照国家规定从基本医疗保险基金中支付。

参保人员确需急诊、抢救的，可以在非协议医疗机构就医；因抢救必须使用的药品可以适当放宽范围。参保人员急诊、抢救的医疗服务具体管理办法由统筹地区根据当地实际情况制定。

第三章　关于工伤保险

第九条　职工（包括非全日制从业人员）在两个或者两个以上用人单位同时就业的，各用人单位应当分别为职工缴纳工伤保险费。职工发生工伤，由职工受到伤害时工作的单位依法承担工伤保险责任。

第十条　社会保险法第三十七条第二项中的醉酒标准，按照《车辆驾驶人员血液、呼气酒精含量阈值与检验》（GB19522-2004）执行。公安机关交通管理部门、医疗机构等有关单位依法出具的检测结论、诊断证明等材料，可以作为认定醉酒的依据。

第十一条　社会保险法第三十八条第八项中的因工死亡补助金是指《工伤保险条例》第三十九条的一次性工亡补助金，标准为工伤发生时上一年度全国城镇居民人均可支配收入的20倍。

上一年度全国城镇居民人均可支配收入以国家统计局公布的数据为准。

第十二条 社会保险法第三十九条第一项治疗工伤期间的工资福利,按照《工伤保险条例》第三十三条有关职工在停工留薪期内应当享受的工资福利和护理等待遇的规定执行。

第四章 关于失业保险

第十三条 失业人员符合社会保险法第四十五条规定条件的,可以申请领取失业保险金并享受其他失业保险待遇。其中,非因本人意愿中断就业包括下列情形:

(一)依照劳动合同法第四十四条第一项、第四项、第五项规定终止劳动合同的;

(二)由用人单位依照劳动合同法第三十九条、第四十条、第四十一条规定解除劳动合同的;

(三)用人单位依照劳动合同法第三十六条规定向劳动者提出解除劳动合同并与劳动者协商一致解除劳动合同的;

(四)由用人单位提出解除聘用合同或者被用人单位辞退、除名、开除的;

(五)劳动者本人依照劳动合同法第三十八条规定解除劳动合同的;

(六)法律、法规、规章规定的其他情形。

第十四条 失业人员领取失业保险金后重新就业的,再次失业时,缴费时间重新计算。失业人员因当期不符合失业保险金领取条件的,原有缴费时间予以保留,重新就业并参保的,缴费时间累计计算。

第十五条 失业人员在领取失业保险金期间,应当积极求职,接受职业介绍和职业培训。失业人员接受职业介绍、职业培训的补贴由失业保险基金按照规定支付。

第五章 关于基金管理和经办服务

第十六条 社会保险基金预算、决算草案的编制、审核和批准，依照《国务院关于试行社会保险基金预算的意见》（国发〔2010〕2号）的规定执行。

第十七条 社会保险经办机构应当每年至少一次将参保人员个人权益记录单通过邮寄方式寄送本人。同时，社会保险经办机构可以通过手机短信或者电子邮件等方式向参保人员发送个人权益记录。

第十八条 社会保险行政部门、社会保险经办机构及其工作人员应当依法为用人单位和个人的信息保密，不得违法向他人泄露下列信息：

（一）涉及用人单位商业秘密或者公开后可能损害用人单位合法利益的信息；

（二）涉及个人权益的信息。

第六章 关于法律责任

第十九条 用人单位在终止或者解除劳动合同时拒不向职工出具终止或者解除劳动关系证明，导致职工无法享受社会保险待遇的，用人单位应当依法承担赔偿责任。

第二十条 职工应当缴纳的社会保险费由用人单位代扣代缴。用人单位未依法代扣代缴的，由社会保险费征收机构责令用人单位限期代缴，并自欠缴之日起向用人单位按日加收万分之五的滞纳金。用人单位不得要求职工承担滞纳金。

第二十一条 用人单位因不可抗力造成生产经营出现严重困难的，经省级人民政府社会保险行政部门批准后，可以暂缓缴纳一定期限的社会保险费，期限一般不超过一年。暂缓缴费期间，免收滞纳金。到期后，用人单位应当缴纳相应的社会保险费。

第二十二条 用人单位按照社会保险法第六十三条的规定，提供担保并与社会保险费征收机构签订缓缴协议的，免收缓缴期间的滞纳金。

第二十三条 用人单位按照本规定第二十一条、第二十二条缓缴社会保险费期间，不影响其职工依法享受社会保险待遇。

第二十四条　用人单位未按月将缴纳社会保险费的明细情况告知职工本人的，由社会保险行政部门责令改正；逾期不改的，按照《劳动保障监察条例》第三十条的规定处理。

第二十五条　医疗机构、药品经营单位等社会保险服务机构以欺诈、伪造证明材料或者其他手段骗取社会保险基金支出的，由社会保险行政部门责令退回骗取的社会保险金，处骗取金额二倍以上五倍以下的罚款。对与社会保险经办机构签订服务协议的医疗机构、药品经营单位，由社会保险经办机构按照协议追究责任，情节严重的，可以解除与其签订的服务协议。对有执业资格的直接负责的主管人员和其他直接责任人员，由社会保险行政部门建议授予其执业资格的有关主管部门依法吊销其执业资格。

第二十六条　社会保险经办机构、社会保险费征收机构、社会保险基金投资运营机构、开设社会保险基金专户的机构和专户管理银行及其工作人员有下列违法情形的，由社会保险行政部门按照社会保险法第九十一条的规定查处：

（一）将应征和已征的社会保险基金，采取隐藏、非法放置等手段，未按规定征缴、入账的；

（二）违规将社会保险基金转入社会保险基金专户以外的账户的；

（三）侵吞社会保险基金的；

（四）将各项社会保险基金互相挤占或者其他社会保障基金挤占社会保险基金的；

（五）将社会保险基金用于平衡财政预算，兴建、改建办公场所和支付人员经费、运行费用、管理费用的；

（六）违反国家规定的投资运营政策的。

第七章　其　他

第二十七条　职工与所在用人单位发生社会保险争议的，可以依照《中华人民共和国劳动争议调解仲裁法》、《劳动人事争议仲裁办案规则》的规定，申请调解、仲裁，提起诉讼。

职工认为用人单位有未按时足额为其缴纳社会保险费等侵害其社会保险权益行为的，也可以要求社会保险行政部门或者社会保险费征收机构依法处理。社会保险行政部门或者社会保险费征收机构应当按照社会保险法和《劳动保障监察条例》等相关规定处理。在处理过程中，用人单位对双方的劳动关系提出异议的，社会保险行政部门应当依法查明相关事实后继续处理。

第二十八条　在社会保险经办机构征收社会保险费的地区，社会保险行政部门应当依法履行社会保险法第六十三条所规定的有关行政部门的职责。

第二十九条　2011年7月1日后对用人单位未按时足额缴纳社会保险费的处理，按照社会保险法和本规定执行；对2011年7月1日前发生的用人单位未按时足额缴纳社会保险费的行为，按照国家和地方人民政府的有关规定执行。

第三十条　本规定自2011年7月1日起施行。

全国人民代表大会常务委员会关于授权国务院在河北省邯郸市等12个试点城市行政区域暂时调整适用《中华人民共和国社会保险法》有关规定的决定

（2016年12月25日第十二届全国人民代表大会常务委员会第二十五次会议通过）

为进一步增强生育保险保障功能，提高社会保险基金共济能力，推进生育保险和基本医疗保险合并实施改革，第十二届全国人民代表大会常务委员会第二十五次会议决定：授权国务院在河北省邯郸市、山西省晋中市、辽宁省沈阳市、江苏省泰州市、安徽省合肥市、山东省威海市、河南省郑州市、湖南省岳阳市、广东省珠海市、重庆市、四川省内江市、云南省昆明市行政区域暂时调整适用《中华人民共和国社会保险法》第六十四条、第六十六条关于生育保险基金单独建账、核算以及编制预算的规定（目录附后），将生育保险基金并入职工基本医疗保险基金征缴和管理。试点方案由国务院作出安排，并报全国人民代表大会常务委员会备案。本决定实施期限为二年。

国务院及其人力资源社会保障、财政、卫生计生等部门要遵循保留险种、保障待遇、统一管理、降低成本的总体思路，加强对试点工作的组织指导和监督检查，及时总结经验，并就暂时调整适用有关法律规定的情况向全国人民代表大会常务委员会作出报告。对实践证明可行的，修改完善有关法律规定；对实践证明不宜调整的，恢复施行有关法律规定。

本决定自2017年1月1日起施行。

授权国务院在河北省邯郸市等12个试点城市行政区域暂时调整适用《中华人民共和国社会保险法》有关规定目录

序号	法律规定	内容
1	《中华人民共和国社会保险法》第六十四条第一款："社会保险基金包括基本养老保险基金、基本医疗保险基金、工伤保险基金、失业保险基金和生育保险基金。各项社会保险基金按照社会保险险种分别建账，分账核算，执行国家统一的会计制度。"	暂时调整适用关于生育保险基金单独建账、核算以及编制预算的规定。将生育保险基金并入职工基本医疗保险基金征缴和管理。
2	《中华人民共和国社会保险法》第六十六条："社会保险基金按照统筹层次设立预算。社会保险基金预算按照社会保险项目分别编制。"	

江苏省新型农村合作医疗条例

(2011年3月24日江苏省第十一届人民代表大会常务委员会第二十一次会议通过)

第一章 总 则

第一条 为了发展和完善新型农村合作医疗制度，保障农村居民享有基本医疗服务，根据有关法律、行政法规的规定，结合本省实际，制定本条例。

第二条 本省行政区域内的新型农村合作医疗，适用本条例。

本条例所称新型农村合作医疗，是指由政府组织引导，农村居民自愿参加，按照个人缴费、集体扶持、政府补助的方式筹集资金，实行门诊统筹与住院统筹相结合的农村居民基本医疗保障制度。

第三条 新型农村合作医疗遵循公开公正、公平享有、便民惠民、保障基本的原则，坚持民主管理、依法管理。

第四条 县级以上地方人民政府应当将新型农村合作医疗工作纳入当地国民经济和社会发展规划，加强对新型农村合作医疗工作的领导，建立健全新型农村合作医疗工作协调机制，多渠道筹集新型农村合作医疗资金。

实行新型农村合作医疗基金统筹的设区的市、县（市、区）人民政府（以下统称统筹地区人民政府），应当成立由有关部门和参加人代表等组成的新型农村合作医疗管理委员会，负责统筹地区新型农村合作医疗有关组织、协调等工作。

第五条 县级以上地方人民政府卫生行政部门（以下简称卫生行政部门）主管本行政区域内的新型农村合作医疗工作。

县级以上地方人民政府有关部门按照各自职责做好新型农村合作医疗的相关工作。

第六条 乡镇人民政府、街道办事处具体承担新型农村合作医疗的组织、筹资和宣传工作。村民委员会、居民委员会协助乡镇人民政府、街道办事处做好新型农村合作医疗工作。

第七条 统筹地区设立的新型农村合作医疗经办机构（以下简称经办机构），负责新型农村合作医疗的日常运行服务、业务管理和基金会计核算等具体业务工作。

第八条 县级以上地方人民政府应当通过提高筹资水平和保障待遇、探索资源整合等措施，推进基本医疗保障城乡统筹。

第九条 对在新型农村合作医疗工作中做出突出贡献的单位和个人，县级以上地方人民政府及其有关部门应当给予表彰。

第二章 参加人

第十条 农村居民（含农村中小学生）以户为单位参加户籍所在地统筹地区的新型农村合作医疗。

农村居民因就学等原因户口迁出本地，现又回到原籍居住，未参加或者停止参加其他基本医疗保险的，可以参加原户籍所在地统筹地区的新型农村合作医疗。

居住在乡镇的城镇居民和其他人员，按照县级以上地方人民政府的规定，参加当地新型农村合作医疗或者其他基本医疗保险。

第十一条 在新型农村合作医疗上一个缴费期至下一个缴费期之间出生的婴儿、退役的士兵，可以参加当年度的新型农村合作医疗。

农村居民停止参加其他基本医疗保险的，凭相应的医疗保险经办机构出具的证明，可以参加当年度的新型农村合作医疗。

婴儿出生之日起十五个工作日内，父母为其申请参加新型农村合作医疗的，其自出生之日起产生的医药费用纳入新型农村合作医疗基金补偿范围。

第十二条 按照规定已经参加其他基本医疗保险的人员，不参加新型农村合作医疗,其家庭其他成员仍可以按照规定参加新型农村合作医疗;已经参加新型农村合作医疗的人员,需要参加其他基本医疗保险的,其本人应当于下一年度退出新型农村合作医疗。

第十三条 参加新型农村合作医疗的人员按照规定缴费后,经办机构应当将其登记注册为参加人,免费发给新型农村合作医疗证件。参加人凭新型农村合作医疗证件等有效证件就医,享受相应的医疗待遇。

第十四条 参加人享有下列权利:

(一)按照规定享受医药费用补偿;

(二)查询、核对自己缴费以及获得补偿情况;

(三)了解新型农村合作医疗基金的筹集与使用情况;

(四)参与新型农村合作医疗监督管理;

(五)法律、法规规定的其他权利。

第十五条 参加人履行下列义务:

(一)以户为单位按时足额缴纳个人费用;

(二)遵守新型农村合作医疗政策规定和规章制度;

(三)在就医和获得医药费用补偿时如实提供个人相关资料和信息;

(四)法律、法规规定的其他义务。

第三章 基金筹集与管理

第十六条 新型农村合作医疗基金以县(市、区)为单位统筹管理。鼓励有条件的设区的市对市辖区实行统筹。

统筹地区人民政府应当建立新型农村合作医疗基金财政专户,统一管理和核算新型农村合作医疗基金。

第十七条 新型农村合作医疗基金的来源包括:

(一)参加人个人缴费;

(二)财政补助资金;

（三）农村集体经济组织扶持资金；

（四）社会捐赠资金；

（五）利息收入；

（六）其他。

第十八条 统筹地区人民政府应当建立与经济社会发展相协调、与基本医疗需求相适应，以政府补助为主、参加人合理负担的筹资动态增长机制。具体办法由省卫生行政部门会同财政等部门制定，报省人民政府批准。

统筹地区人民政府应当按照国家和省的规定，根据本地区经济社会发展水平确定筹资标准。筹资标准应当不低于本地区上一年度农村居民人均纯收入的百分之三，并应当高于国家最低筹资标准，其中个人缴费比例一般不超过筹资标准的百分之二十。筹资标准一般每两年调整一次。

第十九条 新型农村合作医疗基金每年筹集一次，按照自然年度运行。参加下一年度新型农村合作医疗的缴费时间和方式应当向社会公布。

财政补助资金由各级财政预算安排。统筹地区人民政府按照规定落实新型农村合作医疗财政补助资金，上级人民政府通过财政专项转移支付给予补助。各级财政补助资金应当在规定时间内足额划拨到统筹地区新型农村合作医疗基金财政专户。

个人缴费由参加人以户为单位，在规定的缴费时间内向乡镇人民政府、街道办事处或者其所委托的村民委员会、居民委员会等单位（以下统称个人缴费收缴单位）一次性缴清，并由个人缴费收缴单位按照规定缴入统筹地区新型农村合作医疗基金财政专户。

第二十条 农村最低生活保障对象、五保供养对象、重点优抚对象等医疗救助对象由统筹地区人民政府全部纳入新型农村合作医疗，其个人缴费由医疗救助基金全额给予资助。

统筹地区人民政府规定的未纳入农村医疗救助对象范围的其他

困难人群，参加新型农村合作医疗所需个人缴费部分由政府给予补贴。

第二十一条 经办机构应当按照协议结算新型农村合作医疗定点医疗机构（以下简称定点医疗机构）垫付的医药费用。拨付新型农村合作医疗基金应当遵循经办机构初审、卫生行政部门审核、财政部门复核的程序。

第二十二条 新型农村合作医疗基金实行收支两条线管理，专户存储、单独建账、专款专用，不得用于参加人医药费用补偿以外的任何支出，不得用于任何形式的投资。

任何单位和个人不得侵占、挪用新型农村合作医疗基金。

第二十三条 统筹地区人民政府卫生行政部门、财政部门和经办机构应当执行新型农村合作医疗基金财务制度和会计制度，规范新型农村合作医疗基金的使用和管理，做好基金预决算、会计核算、财务分析、监督检查工作。

第四章 基金使用与医疗待遇

第二十四条 统筹地区人民政府应当建立新型农村合作医疗基金收支动态平衡机制，保障基金安全、有效运行。

经办机构应当按照国家规定在新型农村合作医疗基金中提取风险基金，用于弥补新型农村合作医疗基金非正常超支造成的基金临时困难周转，提取的风险基金累计不得超过当年筹集基金总额的百分之十。具体办法由统筹地区人民政府根据国家有关规定和统筹地区实际制定。

使用新型农村合作医疗基金应当遵循以收定支、略有结余的原则。新型农村合作医疗基金当年基金结余（含风险基金）应当不超过当年筹集基金总额的百分之十，累计结余（含风险基金）应当不超过当年筹集基金总额的百分之二十。

当年基金结余（含风险基金）超过当年筹集基金总额的百分之十，或者累计结余（含风险基金）超过当年筹集基金总额的百分之二十的，根据基金结余情况，对已获得大额医药费用补偿的参加人按照国家规定进行再次补偿。再次补偿应当遵循公开、公平、公正的原则，接受社会监督。

第二十五条 省卫生行政部门应当制定新型农村合作医疗补偿规则，并向社会公布。

设区的市卫生行政部门应当根据新型农村合作医疗补偿规则，制定本行政区域新型农村合作医疗补偿意见，指导统筹地区根据当地实际合理确定本地区新型农村合作医疗补偿方案。

在设区的市行政区域内，各统筹地区新型农村合作医疗补偿方案应当相对统一。

第二十六条 统筹地区应当根据新型农村合作医疗基金筹集和使用情况，合理确定新型农村合作医疗补偿方案，明确参加人医疗待遇，并根据筹资水平和基金运行状况及时调整补偿政策。

确定新型农村合作医疗补偿范围、补偿比例和最高支付限额等，应当有利于保障基本、引导合理就医、保障重大疾病救治，并逐步缩小门诊补偿与住院补偿的差距。

新型农村合作医疗最高支付限额按照不低于当地农村居民上一年度人均纯收入八倍的标准确定，对重大疾病、特殊病种应当提高最高支付限额。

第二十七条 省卫生行政部门应当根据基本医疗需求，制定、调整新型农村合作医疗报销药物目录和诊疗项目目录，并向社会公布。

第二十八条 逐步建立分级医疗和双向转诊制度，简化转诊流程，规范转诊管理。

参加人因病情需要转到统筹地区外就医的，定点医疗机构应当及时转诊，不得拖延，并告知经办机构。

参加人因病情急、危、重等特殊原因，在统筹地区外或者非定点医疗机构就医的，应当在就医之日起十五个工作日内告知经办机构。

参加人在统筹地区外居住、工作的,在统筹地区的经办机构办理异地医疗登记后,可以在居住地约定的医疗机构就医。

第二十九条 参加人因门诊和住院发生的医药费用,由新型农村合作医疗基金按照补偿方案给予补偿。

有下列情形之一的,医药费用不纳入新型农村合作医疗基金补偿范围:

(一)使用的药品或者诊疗项目未列入新型农村合作医疗报销药物目录或者诊疗项目目录的,但实行按病种定额付费的除外;

(二)按照规定应当由工伤或者生育保险基金支付医药费用的;

(三)应当由第三人负担医药费用的;

(四)应当由公共卫生负担的;

(五)境外就医的;

(六)因故意犯罪造成自身伤害发生医药费用的;

(七)因美容、整形等非基本医疗需要发生医药费用的;

(八)国家和省规定不予补偿的其他情形。

有前款第三项情形,但第三人无法确定或者无支付能力的,由经办机构按照补偿方案从新型农村合作医疗基金中先行支付。新型农村合作医疗基金先行支付后,有权向第三人追偿。

第三十条 经办机构应当与定点医疗机构建立新型农村合作医疗基金补偿费用直接结算关系。参加人在定点医疗机构就医,只支付自付费用,医药费用中应当由新型农村合作医疗基金补偿的部分,由经办机构与定点医疗机构直接结算。经办机构可以向定点医疗机构提供必要的预付金。

参加人按规定在非定点医疗机构就医的,由参加人先支付全部医药费用,再凭有效证明和原始票据向统筹地区经办机构申请办理补偿手续,经办机构应当在收到申请之日起二十个工作日内予以审核结算。

第三十一条 医药费用的补偿范围、比例、条件和程序应当公布。医药费用和补偿结果，除涉及个人隐私外，应当公开。

第三十二条 农村医疗救助对象经新型农村合作医疗补偿后的个人自付费用，由统筹地区人民政府按照规定比例给予救助。民政部门、卫生行政部门应当运用信息手段，实行农村医疗救助与新型农村合作医疗费用同步结算。

第五章 定点医疗机构

第三十三条 定点医疗机构按照方便就医、布局合理、技术适宜、公平公正的原则确定。定点医疗机构应当具备下列条件：

（一）依法取得《医疗机构执业许可证》；

（二）自愿遵守并执行新型农村合作医疗规章制度；

（三）提供的医疗服务符合新型农村合作医疗要求；

（四）医疗服务收费符合有关规定；

（五）有与新型农村合作医疗相适应的内部管理制度，配备必要的专职或者兼职工作人员以及用于结算医药费用的计算机设备。

定点医疗机构名单应当向社会公布，并适时调整。

符合条件的基层医疗卫生机构应当纳入定点医疗机构范围。

第三十四条 经办机构应当与定点医疗机构签订新型农村合作医疗定点服务协议，明确权利义务、就医管理、补偿政策、考核评价、违约责任等内容。

定点医疗机构及其工作人员应当按照协议要求提供医疗服务，遵守法律法规，恪守职业道德，执行临床技术操作规范，开展业务培训，提高服务质量和效率，做到合理检查和治疗，合理用药，控制医药费用。

第三十五条 定点医疗机构应当在显著位置悬挂统一标识牌，设置宣传栏和公示栏，宣传新型农村合作医疗补偿政策，公布就医和补偿流程，公示新型农村合作医疗基本用药目录、医疗服务项目目录、相关价格等。

第六章　保障与监督

第三十六条　县级以上地方人民政府应当根据国家有关规定做好新型农村合作医疗与其他基本医疗保险之间的制度衔接。

卫生、人力资源社会保障等有关部门应当加强协调配合，做好不同医疗保障关系的转移接续工作，并为参加人提供便利。

第三十七条　县级以上地方人民政府应当加强经办机构建设，保障经办机构的基本服务条件、人员配备与其承担的职能和业务量相适应；加强农村基层医疗卫生机构建设和人才培养，保障农村基层卫生人员待遇，提高农村基层卫生服务水平；加强新型农村合作医疗信息化建设，形成经办机构、定点医疗机构以及有关部门之间互联互通的新型农村合作医疗管理信息系统。

第三十八条　财政部门应当将新型农村合作医疗财政补助资金列入财政预算，保证资金及时足额到位，并对新型农村合作医疗基金实施监督管理；统筹安排经办机构人员和业务经费，确保经办机构正常运转，具体办法由财政、卫生行政部门制定。

第三十九条　县级以上地方人民政府应当将新型农村合作医疗工作纳入年度工作考核目标，通过建立考核评价制度等多种形式对有关部门、经办机构的行为进行监督。

第四十条　统筹地区人民政府成立由有关部门和参加人代表、人大代表、政协委员、专家等组成的新型农村合作医疗监督委员会，掌握、分析新型农村合作医疗基金的收支和管理情况，对新型农村合作医疗工作提出咨询意见和建议，实施社会监督。新型农村合作医疗监督委员会中，参加人代表人数应当不低于组成人员的三分之一。

经办机构应当定期向新型农村合作医疗监督委员会汇报基金的收支和管理情况。

新型农村合作医疗监督委员会发现基金收支和管理中存在问题的，有权提出改正建议；对经办机构及其工作人员的违法行为，有权向有关部门提出依法处理建议。

第四十一条 审计部门应当建立新型农村合作医疗基金审计制度，对新型农村合作医疗基金的收支、管理等情况进行审计监督，督促被审计单位及时整改和纠正审计中发现的问题。

第四十二条 卫生行政部门、经办机构应当加强对定点医疗机构的监督管理，制定定点医疗机构考核评价标准，实施绩效考核评价，并将考核评价结果向社会公布。

价格主管部门应当加强对定点医疗机构药品和医疗服务价格的管理和监督。

第四十三条 卫生行政部门应当设立并公布新型农村合作医疗监督举报电话和投诉信箱，受理对违反本条例规定行为的投诉和举报，并予以查处。

第四十四条 经办机构应当建立新型农村合作医疗信息公示告知制度，定期在村、乡、县等统筹覆盖层级公示新型农村合作医疗基金筹集、使用情况，并向社会公布，接受参加人和社会公众的监督。

第七章 法律责任

第四十五条 以伪造证明材料、使用他人新型农村合作医疗证件就医等手段骗取补偿费用的，由卫生行政部门责令其退回骗取的补偿费用，处骗取金额二倍以上五倍以下的罚款。

定点医疗机构明知就医人使用他人新型农村合作医疗证件，仍为其提供医疗服务，致使补偿费用被骗取的，由卫生行政部门对定点医疗机构处骗取金额二倍以上五倍以下的罚款。

医疗机构提供虚假证明材料，为他人骗取补偿费用提供条件的，由卫生行政部门对医疗机构处骗取金额二倍以上五倍以下的罚款；对直接负责的主管人员和其他直接责任人员依法给予处分，有执业资格的，依法吊销其执业证书。

第四十六条 定点医疗机构以伪造证明材料等手段骗取新型

农村合作医疗基金费用的，由卫生行政部门责令其退回骗取的基金费用，处骗取金额二倍以上五倍以下的罚款，经办机构应当与其解除新型农村合作医疗定点服务协议；对直接负责的主管人员和其他直接责任人员依法给予处分，有执业资格的，依法吊销其执业证书。

第四十七条　定点医疗机构未按照新型农村合作医疗定点服务协议提供医疗服务，或者进行不合理检查、治疗和用药的，由卫生行政部门责令改正；拒不改正的，予以通报，经办机构应当与其解除新型农村合作医疗定点服务协议。

第四十八条　侵占、挪用新型农村合作医疗基金，或者将新型农村合作医疗基金用于投资的，由卫生行政部门、财政部门、审计部门责令追回；有违法所得的，没收违法所得；对直接负责的主管人员和其他直接责任人员依法给予处分。

第四十九条　经办机构、个人缴费收缴单位及其工作人员有下列情形之一的，由卫生行政部门责令改正；情节严重的，对其直接负责的主管人员和其他直接责任人员依法给予处分；给新型农村合作医疗基金、参加人造成损失的，依法承担赔偿责任：

（一）未按照规定为参加人办理登记注册的；

（二）未按照规定将筹集的新型农村合作医疗基金存入财政专户，或者将新型农村合作医疗基金用于参加人医药费用补偿以外的支出的；

（三）未按照规定支付新型农村合作医疗补偿费用的；

（四）有违反本条例规定的其他行为的。

第五十条　县级以上地方人民政府及其有关部门不履行本条例规定的职责，或者滥用职权、玩忽职守、徇私舞弊的，由其上级机关或者监察机关责令改正，对直接负责的主管人员和其他直接责任人员依法给予处分。

第五十一条　违反本条例规定，构成犯罪的，依法追究刑事责任。

第八章 附 则

第五十二条 统筹地区人民政府在确保基金安全和有效监管的前提下,可以委托具有资质的商业保险机构经办新型农村合作医疗业务。委托经办新型农村合作医疗业务,应当签订委托合同。具体办法由省卫生、财政部门会同保险监督管理机构制定。

第五十三条 本条例自 2011 年 6 月 1 日起施行。

大兴安岭地区新农合
大病保险实施方案

(2015年11月18日黑龙江省大兴安岭地区行署办公室发布)

为做好全区新农合大病保险工作,提高参合农民大病保障水平,按照黑龙江省深化医药卫生体制改革领导小组《关于全面实施城乡居民大病保险的通知》(黑医改领发〔2015〕5号)要求,结合我区实际,特制定本方案。

一、总体要求

认真贯彻落实国家、省关于实施城乡大病保险文件精神,坚持"以人为本、统筹安排,政府主导、专业运作,责任共担、持续发展,因地制宜、机制创新"的原则,引入市场机制,采取由商业保险机构承办大病保险的方式完善包括基本医疗保险、大病保险和重特大疾病医疗救助等在内的多层次医疗保障体系,形成长期稳健运行的长效机制,提高基本医疗保障管理水平和运行效率,提高大病保障水平和服务可及性,通过扎实有效的工作措施,着力维护农民健康权益,切实避免参合农民因病致贫、因病返贫。

二、筹资机制

1. 资金来源

大病保险资金从新农合统筹基金中,按人均筹资标准划出一定额度作为大病保险资金来源,参合农村居民不再另行缴费。新农合基金有结余的县(区),可优先利用结余资金。为提高抗风险能力,新农合大病保险实行地级统筹。

2. 筹资标准

结合全区经济社会发展水平、农民人均纯收入水平、患大病发生高额医疗费用等因素,经测算,2015年新农合大病保险筹资标准为30元/人。今后，行署卫生计生委将根据新农合政策的调整和对大病保险决算情况进行评估后，提出筹资标准调整意见，报行署备案，在下一年度实施。

3. 资金筹集

地区通过招标采购确定商业保险公司，签订保险单后，各县（区）财政部门于每年4月15日前将当地的新农合大病保险资金50%拨付至当地保险人所属商业保险机构，再由当地商业保险机构将新农合大病保险资金上缴到地级商业保险机构统一使用，其余40%的大病保险资金于当年8月30日前拨付，为保证大病保险资金安全运行，剩余10%的新农合大病保险资金作为保险人履约保证金，在每年11月30日前经卫生计生行政部门、各县（区）新农合经办机构会同有关部门考核、签字、认定后拨付使用，如保险人有违规或违反协议约定的行为，在履约保证金中视情节轻重予以扣减。

4. 报销方式

新农合大病保险补偿实行即时结报，由商业保险机构直接支付给参合农民患者。即在省级信息系统能够完成即时结算的县级医疗机构，由新农合经办机构和医疗机构负责基本医疗的直接支付，商业保险机构负责新农合大病保险资金的直接支付，实现"一站式服务"；在省级信息系统不能完成即时结算的医疗机构和外转住院的被保险人，须回当地新农合经办机构完成基本医疗的结算，再由商业保险机构在10个工作日内审核完成大病保险的理赔工作。

5. 资金结余

年度资金结余要控制在大病保险基金的4%以内。新农合大病保险资金年度结余低于合同约定盈亏率以下时，中标保险公司获得所有结余；结余超出合同约定盈亏率以上时，中标保险公司获得合同约定盈亏率部分，剩余部分全部返还新农合基金。新农合大病保险资金出现年度亏损时，政策性亏损由行署与商业保险机构根据合同约定划分新农合基金与商业保险机构各自承担的部分，非政策性亏损由商业保险机构承担。

三、保障内容

1. 保障对象

新农合大病保障对象为当年参加新农合的农民。

2. 保障范围

基本医疗保险应按政策规定首先向新农合参合人提供基本医疗保障。在此基础上，大病保险主要在参合人患大病发生高额医疗费用的情况下，对基本医疗保险补偿后需个人负担的合规医疗费用给予保障。

合规医疗费用是指实际发生的、符合政策规定可补偿的医疗费用。定点医疗机构用药目录和诊疗项目范围按照新农合有关政策规定执行。

3. 起付线标准

2015年，全区新农合大病保险起付线标准统一为12000元，一个保险年度内参合患者只扣除一次大病保险起付线。

4. 保障水平

新农合大病保险是在新农合经办机构按当年新农合补偿政策提供基本医疗保障后的基础上，对参合农民个人负担的累计合规医疗费用超出起付线部分，由商业保险机构按50%的比例予以报销补偿，新农合大病保险年度最高补偿封顶线为10万元。

四、承办机构

1. 准入条件

（1）商业保险公司资金实力雄厚，抗风险能力强，须总公司授权且具有对大病保险业务的专项管理制度和单独财务核算办法。

（2）商业保险公司应是经国务院监督管理机构批准设立的从事人身保险业务或健康保险业务的商业保险公司。

（3）商业保险机构符合保监会规定的经营健康保险的必备条件，应当取得健康保险业务资质。

（4）商业保险机构有意愿与当地政府及新农合经办机构合作，

在明确各自权利、义务和责任，自觉自愿接受业务指导和监管的前提下，参与经办大病保险服务。

（5）商业保险机构应当在统筹地区设有分支机构，具备完善服务网络，并且在县级均已设立分支机构或服务网点，能够组建具有专业能力的专职服务队伍，配备具有执业资格的专职财会人员，在新农合定点医疗机构设立即时结报点。

2. 准入方式

通过政府招标选定承办大病保险的商业保险机构。坚持公开、公平、公正和诚实信用的原则，建立健全招标机制，规范招标程序，招标主要内容包括具体补偿比例、结余率、配备的承办和管理力量等内容。符合准入条件的商业保险机构要依法参加投标，中标后与地级卫生计生行政部门签订服务合同。

3. 理赔程序

各县（区）新农合经办机构应积极配合商业保险公司大病保险信息系统与新农合信息系统、医疗机构信息系统实现联网和对接，实现商业保险公司能够为被保险人提供"一站式"即时结算服务。

在信息系统能够完成即时结算的医疗机构，由医疗机构负责新农合的直接垫付，商业保险公司负责新农合大病保险金的直接支付，实现"一站式"服务；在信息系统不能完成即时结算的医疗机构，被保险人须回参合地新农合经办机构（含乡镇卫生院）完成基本医疗保障的结算，再由商业保险公司在 10 个工作日内审核完成大病保险的理赔工作。

4. 合署办公

各县（区）新农合经办机构与商业保险公司采用合署办公的形式开展大病保险的管理与服务。各地新农合经办机构应积极配合商业保险公司设立服务窗口，商业保险公司负责派驻人员的所有费用支出（包括购置办公设备、人员经费、办公经费支出等）。

商业保险公司实时监控、及时掌握定点医疗机构和被保险人不合理的医疗行为，采取针对性的管理和干预措施，并把相关的审核信息及时上报当地新农合经办机构。

各县（区）新农合经办机构授权并积极配合商业保险公司进驻医疗机构，开展医疗巡查、核查工作，对医院诊疗行为和被保险人的就医行为进行监督。商业保险公司在监管过程中，有权要求医疗机构停止不合理医疗行为，并及时向当地新农合经办机构报告备案。

商业保险公司在审核理赔资料时，如需核查被保险人医疗费用的原始资料，各级各类新农合定点医疗机构和新农合经办机构应积极配合，提供相关资料。

5. 退出机制

政府相关部门或商业保险机构要终止或解除经办服务合同的，应当提前3个月告知对方，商业保险机构应做好经办服务档案等所有相关信息数据的交接和大病保险基金的结算、划转等善后工作。因违反合同约定，或发生其他严重损害参合农民权益的情况，合同双方可以提前终止或解除合作，并依法追究责任。

五、保障措施

1. 加强领导，认真组织实施

各县（区）医改领导小组要在当地政府的领导下，加强对全面实施大病保险的组织领导，建立健全由医改办牵头，卫生计生、财政、审计、民政等部门参与的协调推进工作机制，切实做好新农合大病保险工作的组织实施和对商业保险机构从事经办服务的监督管理工作。财政部门要加强对招标采购相关工作的指导与协调。

2. 明确职责，加强部门协作

各县（区）新农合经办机构要在新农合信息系统与商业大病保险系统的对接、合管办与商业保险机构的合署办公、新农合补偿信息的及时提供等方面，积极配合和协助商业保险机构，确保新农合大病保险工作顺利运行；财政部门要加强大病保险基金筹集，纳入财政专户，实行收支两条线管理，做到专款专用、封闭运行，确保基金安全；审计部门按规定对大病保险资金使用情况进行严格审计,并向当地政府提供审计报告;商业保险机构要在卫生计生部门的业务指导下,严格执行各项新农合规章制度和政策要求,在财政、卫生计生部门认定的国有或国有控股商业银行设立大病保险基金专户,根据经办服务合同,做好大病报销资格审查、医药费用审核报销、结算支付和咨询等工作。

3. 多方监督,强化综合管控

各相关部门和新农合经办机构要通过多种方式加强监督管理,防控不合理医疗行为和医疗费用,保障医疗服务质量。商业保险机构要与卫生计生部门密切配合,加强对医疗费用的监控。要建立以资金使用效益和参合农民满意度为核心的考核办法,卫生计生、财政部门要定期对商业保险机构履行投标承诺、按规定时限及比例理赔、医疗服务监管、保险合同履行等情况进行考核,促进商业保险机构提高服务质量。各级新农合经办管理机构要通过日常抽查、建立投诉受理渠道等多种方式进行监督检查,督促商业保险机构按合同要求为符合保障范围的参合患者及时报销医疗费用,维护参合人员信息安全,对违法违约行为及时处理。

4. 注重宣传,做好舆论引导

建立完善商业保险机构参与经办大病保障服务信息公示等制度,将招标情况、与商业保险机构签订服务合同情况,以及筹资标准、待遇水平、支付流程、结算效率和大病保障年度收支情况等向社会公开,自觉接受社会和舆论监督。政府相关部门和商业保险机构应做好大病保险政策的宣传和解读,通过多种形式进行宣传,让参合人员了解补偿政策和结报程序,为新农合大病保险实施营造良好的社会环境。

六、其 他

本方案由行署卫生计生委负责解释。

庆阳市新型农村合作医疗管理办法

(2016年5月3日庆阳市人民政府三届第66次常务会议审议通过，庆阳人民政府2016年第4号令发布)

第一章 总 则

第一条 为了减轻农民医疗负担，提高农民抵御重大疾病风险能力，使农民病有所医，依据《甘肃省人民政府关于进一步加强新型农村合作医疗管理工作的意见》，制定本办法。

第二条 新型农村合作医疗（以下简称新农合）是由政府组织、引导、支持，农民自愿参加，个人、集体和政府多方筹资，以大病统筹为主的互助共济制度。

第三条 户籍在本市的农民，以户为单位参加新农合。

第四条 新农合基金以县区为单位进行筹集、管理和使用。

第五条 市卫生计生委员会负责全市新农合工作，各县区卫生计生局负责本县区新农合工作。

市、县（区）新农合管理机构负责办理具体业务。

市、县（区）财政、民政、审计、发改、监察等部门按照职能分工，负责新农合相关工作。

第二章 基金统筹

第六条 新农合基金收入包括农民个人缴费收入、农村医疗救助资助收入、集体扶持收入、政府资助收入、利息收入和其他收入。

第七条 新农合基金筹集标准和分担比例由市人民政府公布，并根据政府财力状况相应调整。

第八条 农民申请参加新型农村合作医疗（以下简称参合），凭户口簿向所在乡镇政府登记缴费，乡镇政府向参合农民出具由省

— 45 —

财政厅统一监制的专用凭证。

参合农民个人缴费由各乡镇按周汇总上解到县区新农合基金专户。

第九条 农民参合资金应当于每年12月底前缴纳完毕，次年享受新农合医疗费用补偿。

第十条 特困供养人员、农村低保一类保障对象的个人缴费部分给予全额资助，农村低保对象中其他类别保障对象的个人缴费部分给予定额资助，资助参合费用由县区民政部门代缴；两女结扎户、独生子女领证户参合费，由县区卫生计生部门从计划生育社会抚养费中全额代缴。

第十一条 鼓励家庭对即将出生的胎儿提前缴纳参合费用。

当年出生的新生儿未缴纳个人参合费用的，可以享受参合母亲同等新农合补偿政策，与母亲合并计算一个封顶线。

第十二条 政府财政补助资金应当在每年12月底前拨付到各县（区）新农合基金专户，按照实际参合人数决算。

第三章 基金使用范围

第十三条 新农合基金分为住院统筹基金、门诊统筹基金、大病保险统筹基金和风险基金：

（一）住院统筹基金用于参合农民普通住院、单病种付费、重大疾病等补偿；

（二）门诊统筹基金用于参合农民门诊特殊病以及普通门诊费用补偿；

（三）大病保险统筹基金用于为参合农民缴纳大病保险保费；

（四）风险基金用于防范新农合运行中基金支出风险，从筹集基金中提取，由市财政新农合专户集中管理，风险基金规模应当保持在各县区年度基金总额的10%。

各县区可以申请使用风险基金，使用后应在次年补齐。

第十四条 农村孕产妇住院分娩、艾滋病防治、结核病防治、血吸虫病防治、慢性病防治、新生儿26种遗传代谢病筛查、农村妇女宫颈癌和乳腺癌检查等公共卫生项目,应当先执行专项补偿,剩余部分的医疗费用再按照新农合规定给予补偿,合计补偿金额不得超过住院封顶线和患者实际医疗总费用。

免费治疗项目,不得纳入新农合基金补偿范围。

第十五条 新农合基金补偿项目包括治疗费、化验费、影像诊断费、治疗必需的药品费、手术费等,不得用于自购药品费、伙食费、取暖费以及其他与治疗无关的费用。

第十六条 有下列情形之一的,新农合基金不予补偿:

(一)自杀、自残的(精神病除外);

(二)斗殴、酗酒、吸毒等违法行为所致伤病的;

(三)交通事故、意外事故、医疗事故等明确由他方负责的;

(四)工伤明确由他方负责的;

(五)有关规定不予补偿的其他情形。

第四章 补偿标准和模式

第十七条 新农合补偿实行住院统筹、门诊统筹和大病保险的补偿模式。

第十八条 参合农民住院费用按照下列标准补偿:

(一)在乡镇定点医疗机构住院的,起付线为150元,封顶线为15000元,按照医疗费用的85%予以补偿;

(二)在县区定点医疗机构住院的,起付线为400元,封顶线为30000元,按照医疗费用的80%予以补偿;

(三)在市级定点医疗机构住院的,起付线为1000元,封顶线为50000元,按照医疗费用的70%予以补偿;

(四)在省级定点医疗机构住院的,起付线为3000元,封顶线为60000元,按照医疗费用的55%予以补偿。

参合农民年度累计补偿金额不超过10万元。

第十九条 特困供养人员,农村低保一类、二类保障对象,持有一级、二级残疾证的残疾人，在乡享受抚恤定补的各类优抚对象（1-6级残疾军人除外），两女结扎户，独生子女领证户等六类人员，住院补偿实行零起付线，补偿比例在统一补偿标准基础上提高10%。

贫困人口和农村妇女宫颈癌、乳腺癌患者的新农合住院费用报销比例提高5%，大病保险起付线由5000元降至3000元。

第二十条　《甘肃省农村重大疾病新型农村合作医疗保障实施方案（试行）》规定的50种重大疾病，实行单病种限额费用管理，按医疗费用的70%补偿，不计入参合患者当年新农合住院封顶线。

克山病按照前款标准进行补偿。

第二十一条　普通门诊应当在县级医院、乡镇卫生院、社区卫生服务中心和符合条件的村卫生室就诊，参合农民每年度普通门诊人均补偿额为100元，补偿额度以户封顶，年度不结转。

普通门诊费用补偿实行零起付线，补偿比例在县、乡（社区）、村定点医疗机构分别为60%、70%、70%，当日门诊补偿封顶额分别为50元、40元、30元，实行现场补偿。

第二十二条　参合农民特殊病的大额门诊费用按照下列标准补偿：

（一）尿毒症透析治疗（终末期肾病）实行零起付线，按照费用的70%进行补偿，封顶线为60000元；

（二）再生障碍性贫血、血友病、系统性红斑狼疮肾损害、恶性肿瘤放化疗、精神分裂症、慢性肾炎并发肾功能不全、白血病、器官移植抗排异治疗等疾病实行零起付线，按照费用的70%进行补偿，封顶线为20000元；

（三）18周岁及以下儿童苯丙酮尿症实行零起付线，按照费用的70%进行补偿，封顶线为14000元；

（四）高血压（Ⅱ级及以上）、心脏病并发心功能不全、脑出血及脑梗塞恢复期、风湿（类风湿）性关节炎、慢性活动性肝炎、慢性阻塞性肺气肿及肺心病、癫痫、肝豆状核变性、失代偿期肝硬化、饮食控制无效糖尿病（Ⅰ型糖尿病）、慢性肾炎、椎间盘突出、慢性盆腔炎及附件炎、重症肌无力、耐药性结核病、强制性脊柱炎、脑瘫、甲状腺功能亢进症、帕金森氏症、银屑病等慢性疾病实行零起付线，按照费用的70%进行补偿，封顶线为3000元；

（五）大骨节病、布鲁氏菌病、氟骨症、砷中毒、克山病、包虫病等地方病的大额门诊费用，在享受国家项目补助后，按照剩余费用的70%进行补偿，补偿封顶线为2000元。

参合农民门诊特殊病由二级以上定点医疗机构确诊后进行补偿。

第二十三条　参合农民在定点医疗机构使用基本药物的费用，补偿比例在统一补偿标准基础上提高10%。

第二十四条　参合农民在县级及以上中医医院和综合医院中医科使用中医药服务费用，补偿比例在统一补偿标准基础上提高20%，起付线降低30%。

县、乡、村定点医疗机构使用地产中药材和针灸、刮痧、推拿、拔火罐等中医适宜技术所发生的费用，新农合全额补偿。

第二十五条　参合农民医疗费用报销按照新农合补偿、大病保险报销、民政医疗救助、其它救助的次序进行。

参合农民住院费用按照规定补偿后，剩余费用超过大病保险起付线的，可以享受大病保险补助；补助后仍有较大剩余费用的可以向民政部门申请医疗救助，总补偿金额不得超过封顶线和患者实际医疗费用。

第二十六条　新农合分级诊疗病种实行单病种费用管理。

第二十七条　各县区统筹基金累计结余达到25%以上的，可以对住院费用补偿后剩余费用较大的参合农民进行二次补偿。

第五章　就医和结算

第二十八条　参合农民在省定医疗机构因新农合重大疾病就医或者在本市定点医疗机构就医发生的医疗费用，持"新农合一卡通"、身份证、户口簿和当年缴费发票等，在医疗机构报销窗口缴纳自付费用部分，补偿部分由医疗机构垫付。

第二十九条 参合农民外出务工期间应当在当地选择公立医疗机构就医，住院治疗的应在住院之日起5日内告知参合县区新农合管理机构，医疗费用应当在参合所在地乡镇卫生院审核报销。

参合农民由于其他原因外出期间患病住院的，按照前款规定执行。

第三十条 参合农民当年发生的医疗费用，应当在12月25日前审核报销；12月25日后发生的医疗费用，纳入次年报销。

第三十一条 参合农民报销住院费用，应当提供出院证明、住院发票、费用清单、病历复印件、诊断证明、转诊转院审批表、"新农合一卡通"、身份证、户口簿和当年缴费发票等。

报销普通门诊费用应当提供"新农合一卡通"、身份证和当年缴费发票。

报销特殊病门诊费用应当提供"新农合一卡通"、户口簿、身份证、当年缴费发票、公立医疗机构发票、门诊特殊病证。

第三十二条 参合农民户口迁出参合县区的，当年住院医疗费用由原参合县区予以补偿。

第三十三条 各县区新农合管理机构受理定点医疗机构送审的结算材料后，应当在5个工作日内审核完毕，县区财政部门在7个工作日内拨付定点医疗机构垫付的补偿费用。

第六章 定点医疗机构

第三十四条 新农合定点医疗机构原则上在非营利性医疗机构中选择，市级新农合定点医疗机构由市卫生计生委员会确定。

县（区）、乡（镇）、村级新农合定点医疗机构由县区新农合管理机构确定，并报市卫生计生委员会备案。

定点医疗机构由确定机关挂牌。

第三十五条 定点医疗机构应当设立专门科室，配备专职人员，负责参合农民门诊、住院费用审核结算，统计上报有关信息。

第三十六条 定点医疗机构对参合农民门诊和住院费用补偿实行现场审核垫付直报制度，并按月报送县区新农合管理机构复核。

第三十七条 定点医疗机构应当严格执行《甘肃省新型农村合作医疗报销药品目录》和《甘肃省新型农村合作医疗基本诊疗项目（2015年版）》，使用自费药品、自费诊疗项目和自费检查项目需告知患者或其家属并签字同意，市、县、乡级定点医疗机构自费药品占比不得超过10%、10%、5%。

第三十八条 定点医疗机构应当执行基本药物制度和药品集中采购制度，确保使用的药品安全、有效、经济。

第三十九条 定点医疗机构应当使用统一印制的新农合专用复式处方，用药、治疗、检查项目应与病情和病历相符。

第四十条 定点医疗机构实行计算机网络管理，新农合结算窗口和定点医疗机构收费窗口应当设在同一地点，做到随出随报。

第四十一条 市、县（区）新农合管理机构与定点医疗机构每年签订医疗服务协议，明确双方的权利、义务和责任。

第七章 监督检查

第四十二条 新农合基金实行财政专户储存，专款专用，任何单位和个人不得挤占或者挪用。

新农合基金只能用于参合农民的医疗费用补偿。

第四十三条 市、县（区）政府及其新农合工作领导小组要加强对新农合工作的领导，市、县（区）卫生计生主管部门应当加强对新农合管理机构的业务指导和监督，研究解决新农合制度运行中的重大问题。

第四十四条 市、县（区）新农合管理机构应当严格执行新农合基金财务制度、会计制度和审计制度，定期公布基金账目、参合农民医疗费用补偿名单和补偿数额。

第四十五条 市、县（区）财政、审计部门应当落实对新农合基金的财务监管和专项审计工作。

各县区成立由卫生计生、财政、审计、发改、监察等部门专业人员和参合农民代表组成的新农合监督委员会，邀请人大代表、政协委员和新闻媒体参加，对新农合工作实施监督，维护新农合制度的公开、公平和公正。

第四十六条 对在新农合基金筹集、使用、补偿和医疗服务中的违法违规行为，由监察部门和有关行政部门依法追究行政纪律责任或者法律责任。

第四十七条 参合农民涂改、转借、提供虚假医疗费用票据及相关证件的，新农合基金不予报销；已经报销的，由新农合管理机构追回补偿费用，并根据有关规定严肃处理。

第八章 附 则

第四十八条 本办法自2016年5月9日起施行，有效期为五年。庆阳市人民政府2008年3月31日印发的《庆阳市新型农村合作医疗管理办法》同时废止。

宜昌市新型农村合作医疗大病保险实施办法

宜府办发〔2016〕15号

第一条 为进一步完善新型农村合作医疗（以下简称新农合）制度，提高参合农民大病保障水平，根据《国务院办公厅关于全面实施城乡居民大病保险的意见》（国办发〔2015〕57号）和《省人民政府办公厅关于进一步做好城乡居民大病保险工作的通知》（鄂政办发〔2015〕79号）等文件精神，结合本市实际，制定本办法。

第二条 本市行政区域内新农合当年参合农民，可按照本办法的规定享受新农合大病保险待遇。

超过规定缴费时限出生的新生儿在出生当年，随参合父亲或母亲获得参合资格，享受大病保险待遇。

第三条 本办法所称新农合大病保险，是指参合农民住院和特殊慢性病门诊治疗费用经新农合基本医疗保险按规定支付后，对当年个人累计负担的基本医疗保险政策范围内的医疗费用（以下简称个人负担合规医疗费用）超过大病保险起付标准的部分，由大病保险给予补偿。

新农合大病保险与新农合基本医疗政策相衔接，严格执行新农合关于药品目录、诊疗目录、支付范围和支付标准的规定。

第四条 新农合大病保险遵循政府主导、专业运作、责任共担、持续发展的原则，支持商业保险机构发挥专业优势，承办新农合大病保险。

第五条 新农合大病保险实行市级统筹、分级管理。在全市范围内实行统一政策体系、统一筹资标准、统一待遇水平、统一经办服务、统一核算盈亏。具体业务工作由市、县两级新农合经办机构共同经办、分级负责。

卫生计生、财政、审计、保险监管、商业保险机构等相关部门和单位应当各负其责，各司其职，协同做好新农合大病保险工作。

第六条 本市新农合大病保险筹资标准为每人每年 25 元至 35 元。具体筹资标准通过招标确定。

第七条 新农合大病保险资金由各县（市、区）根据确定的年度筹资标准和参合人数，从新农合基金中拨付给承保商业保险机构。新农合基金有结余的地区，利用结余筹集大病保险资金；结余不足或没有结余的地区，在新农合年度筹资时统筹安排。

第八条 新农合大病保险结算年度和待遇享受期与新农合运行年度一致。新农合定点医院同时作为新农合大病保险定点医院，不再另行增设定点医院。

第九条 本市新农合大病保险起付标准为 12000 元/年。一个保险年度内，参合农民个人负担合规医疗费用累计计算，只扣除一次。

参合农民保险年度内住院新农合基本医疗保险报销起付标准以下部分，农村五保户、低保户、特困优抚对象等贫困患者当年享受的医疗救助额度，计入参合农民个人负担合规医疗费用。

第十条 参合农民个人负担合规医疗费用超过 12000 元的，大病保险按下列规定给予补偿：

（一）12000 元以上（不含本数，下同）30000 元以下（含本数，下同）的部分支付 55%；

（二）30000 元以上 100000 元以下的部分支付 65%；

（三）100000 元以上的部分支付 75%。

本市新农合大病保险最高支付限额原则上不低于 30 万元/年。具体额度通过招标确定。

第十一条 市政府通过公开招标方式确定承办新农合大病保险的商业保险机构（以下简称承保机构），市卫生计生部门应当与中标承保机构签订保险合同，合同期限为 3 年。

保险合同应对新农合大病保险具体的筹资标准、综合费率、风险控制与处理、承办和管理力量配备、服务质量考核保证金以及保险期限、违约责任等双方责任、权利、义务进行约定。

第十二条 按照保本微利、风险共担的原则，合理控制承保机构的盈利率，建立政府和商业保险机构风险共担的调节机制。

新农合大病保险综合费率控制在实际保费收入总额的5%以内，具体比例通过招标确定。超过合同约定的部分全部返还市大病保险基金。因新农合政策、大病保险政策调整等政策性原因给承保机构带来亏损时，由新农合基金和承保机构分摊，具体分摊比例在保险合同中载明。

第十三条 承保机构经过新农合经办机构授权，依托新农合信息系统建立大病保险结算信息系统，加强与新农合经办服务的衔接，提供"一站式"即时结算服务。

第十四条 承保机构要及时、足额按政策赔付大病医疗费用。充分发挥全国网络优势，对异地就医参合对象提供异地结算和异地核查服务；建立专业队伍，配合新农合经办机构推进新农合支付方式改革，规范医疗行为，控制医疗费用。

第十五条 市卫生计生部门会同相关部门制定考核保证金制度。各县（市、区）在拨付大病保险费用时，预留一定比例费用作为考核保证金，根据考核结果决定保证金的返还。

第十六条 新农合经办机构和承保机构要建立健全信息公开制度，采取多种形式定期将新农合大病资金运行情况、协议签订情况、筹资标准、待遇水平、支付流程、结算效率和年度收支情况等向社会公开，接受社会监督。

第十七条 本办法自2016年1月1日起施行，有效期至2018年12月31日止。《市人民政府办公室关于印发宜昌市城镇居民大病保险实施办法和宜昌市新型农村合作医疗大病保险实施办法的通知》（宜府办发〔2013〕37号）中的《宜昌市新型农村合作医疗大病保险实施办法》同时废止。施行过程中上级国家机关有新规定的，从其规定。

基本医疗保障有关政策

城镇职工基本医疗保险用药范围管理暂行办法

关于印发城镇职工基本医疗保险用药范围
管理暂行办法的通知

劳社部发〔1999〕15号

各省、自治区、直辖市劳动（劳动和社会保障）厅（局）、物价局（委员会）、经贸委、财政厅（局）、卫生厅（局）、药品监督管理局、中医（药）管理局：

为了贯彻落实《国务院关于建立城镇职工基本医疗保险制度的决定》（国发〔1998〕44号），劳动保障部、国家计委、国家经贸委、财政部、卫生部、药品监管局、中医药局制定了《城镇职工基本医疗保险用药范围管理暂行办法》，现印发给你们，请结合实际贯彻执行。

劳动和社会保障部
国家发展计划委员会
国家经济贸易委员会

中华人民共和国财政部
中华人民共和国卫生部
国家药品监督管理局
国家中医药管理局
一九九九年五月十二日

第一条 为了保障职工基本医疗用药，合理控制药品费用，规范基本医疗保险用药范围管理，根据《国务院关于建立城镇职工基本医疗保险制度的决定》（国发〔1998〕44号），制定本办法。

第二条 基本医疗保险用药范围通过制定《基本医疗保险药品目录》（以下简称《药品目录》）进行管理。确定《药品目录》中药品品种时要考虑临床治疗的基本需要，也要考虑地区间的经济差异和用药习惯，中西药并重。

第三条 纳入《药品目录》的药品，应是临床必需、安全有效、价格合理、使用方便、市场能够保证供应的药品，并具备下列条件之一：

（一）《中华人民共和国药典》（现行版）收载的药品；

（二）符合国家药品监督管理部门颁发标准的药品；

（三）国家药品监督管理部门批准正式进口的药品。

第四条 以下药品不能纳入基本医疗保险用药范围：

（一）主要起营养滋补作用的药品；

（二）部分可以入药的动物及动物脏器，干（水）果类；

（三）用中药材和中药饮片泡制的各类酒制剂；

（四）各类药品中的果味制剂、口服泡腾剂；

（五）血液制品、蛋白类制品（特殊适应症与急救、抢救除外）；

（六）劳动保障部规定基本医疗保险基金不予支付的其他药品。

第五条 《药品目录》所列药品包括西药、中成药（含民族药，下同）、中药饮片（含民族药，下同）。西药和中成药列基本医疗保险基金准予支付的药品目录，药品名称采用通用名，并标明剂型。中药饮片列基本医疗保险基金不予支付的药品目录，药品名称采用药典名。

第六条 《药品目录》中的西药和中成药在《国家基本药物》的基础上遴选，并分"甲类目录"和"乙类目录"。"甲类目录"的药品是临床治疗必需，使用广泛，疗效好，同类药品中价格低的药品。"乙类目录"的药品是可供临床治疗选择使用，疗效好，同类药品中比"甲类目录"药品价格略高的药品。

第七条 "甲类目录"由国家统一制定，各地不得调整。"乙类目录"由国家制定，各省、自治区、直辖市可根据当地经济水平、医疗需求和用药习惯，适当进行调整，增加和减少的品种数之和不得超过国家制定的"乙类目录"药品总数的15%。

各省、自治区、直辖市对本省（自治区、直辖市）《药品目录》"乙类目录"中易滥用、毒副作用大的药品，可按临床适应症和医院级别分别予以限定。

第八条 基本医疗保险参保人员使用《药品目录》中的药品，所发生的费用按以在下原则支付。

使用"甲类目录"的药品所发生的费用，按基本医疗保险的规定支付。使用"乙类目录"的药品所发生的费用，先由参保人员自付一定比例，再按基本医疗保险的规定支付。个人自付的具体比例，由统筹地区规定，报省、自治区、直辖市劳动保障行政部门备案。

使用中药饮片所发生的费用，除基本医疗保险基金不予支付的药品外，均按基本医疗保险的规定支付。

第九条 急救、抢救期间所需药品的使用可适当放宽范围，各统筹地区要根据当地实际制定具体的管理办法。

第十条 在国家《药品目录》中的药品，有下列情况之一的，从基本医疗保险用药范围或国家和地方的《药品目录》中删除：

（一）药品监管局撤销批准文号的；

（二）药品监管局吊销《进口药品注册证》的；

（三）药品监管局禁止生产、销售和使用的；

（四）经主管部门查实，在生产、销售过程中有违法行为的；

（五）在评审过程中有弄虚作假行为的。

第十一条 国家《药品目录》原则上每两年调整一次，各省、自治区、直辖市《药品目录》进行相应调整。国家《药品目录》的新药增补工作每年进行一次，各地不得自行进行新药增补。增补进入国家"乙类目录"的药品，各省、自治区、直辖市可根据实际情况，确定是否进入当地的"乙类目录"。

在制定《药品目录》的工作中，各级劳动保障行政部门不再进行药品检验，不得向药品生产和经销企业收取评审费和各种名目的费用，不得巧立名目加重企业的负担。制定《药品目录》所需经费由劳动保障行政部门向财政部门提出申请，由同级财政拨款解决。

第十二条 国家《药品目录》的组织制定工作由劳动保障部负责。要成立由劳动保障部、国家计委、国家经贸委、财政部、卫生部、药品监管局和中医药局组成的国家《药品目录》评审领导小组，负责评审《药品目录》及每年新增补和删除的药品，审核《药品目录》遴选专家组和专家咨询小组成员名单，以及《药品目录》评审和实施过程中的协调工作。领导小组下设办公室，办公室设在劳动保障部，负责组织制定国家基本医疗保险药品目录的具体工作。

领导小组办公室要在全国范围内选择专业技术水平较高的临床医学和药学专家，组成药品遴选专家组，负责遴选药品。要聘请专业技术水平较高的临床医学、药学、药品经济学和医疗保险、卫生管理等方面的专家，组成专家咨询小组，负责对领导小组办公室的工作提出专业咨询和建议。

各省、自治区、直辖市《药品目录》的制定工作由各省、自治区、直辖市劳动保障行政部门负责，要参照国家《药品目录》制定工作的组织形式，建立相应的评审机构和专家组。

第十三条 国家《药品目录》由劳动保障部会同国家计委、国家经贸委、财政部、卫生部、药品监管局、中医药局共同制定，由劳动保障部发布。各省、自治区、直辖市的《药品目录》由各省、自治区、直辖市劳动保障行政部门会同有关部门共同制定，并报劳动保障部备案。

第十四条 本办法自发布之日起施行。

城镇职工基本医疗保险定点医疗机构管理暂行办法

关于印发城镇职工基本医疗保险定点
医疗机构管理暂行办法的通知
劳社部发〔1999〕14号

各省、自治区、直辖市劳动（劳动和社会保障）厅（局）、卫生厅（局）、中医（药）管理局：

为了贯彻落实《国务院关于建立城镇职工基本医疗保险制度的决定》（国发〔1998〕44号），劳动保障部、卫生部、中医药局制定了《城镇职工基本医疗保险定点医疗机构管理暂行办法》，现印发给你们，请结合实际贯彻执行。

劳动和社会保障部
中华人民共和国卫生部
国家中医药管理局
一九九九年五月十一日

第一条 为了加强和规范城镇职工基本医疗保险定点医疗机构管理，根据《国务院关于建立城镇职工基本医疗保险制度的决定》

(国发〔1998〕44号），制定本办法。

第二条 本办法所称的定点医疗机构，是指经统筹地区劳动保障行政部门审查，并经社会保险经办机构确定的，为城镇职工基本医疗保险参保人员提供医疗服务的医疗机构。

第三条 定点医疗机构审查和确定的原则是：方便参保人员就医并便于管理；兼顾专科与综合、中医与西医，注重发挥社区卫生服务机构的作用；促进医疗卫生资源的优化配置，提高医疗卫生资源的利用效率，合理控制医疗服务成本和提高医疗服务质量。

第四条 以下类别的经卫生行政部门批准并取得《医疗机构执业许可证》的医疗机构，以及经军队主管部门批准有资格开展对外服务的军队医疗机构，可以申请定点资格：

（一）综合医院、中医医院、中西医结合医院、民族医医院、专科医院；

（二）中心卫生院、乡（镇）卫生院、街道卫生院、妇幼保健院（所）；

（三）综合门诊部、专科门诊部、中医门诊部、中西医结合门诊部、民族医门诊部；

（四）诊所、中医诊所、民族医诊所、卫生所、医务室；

（五）专科疾病防治院（所、站）；

（六）经地级以上卫生行政部门批准设置的社区卫生服务机构。

第五条 定点医疗机构应具备以下条件：

（一）符合区域医疗机构设置规划；

（二）符合医疗机构评审标准；

（三）遵守国家有关医疗服务管理的法律、法规和标准，有健全和完善的医疗服务管理制度；

（四）严格执行国家、省（自治区、直辖市）物价部门规定的医疗服务和药品的价格政策，经物价部门监督检查合格；

（五）严格执行城镇职工基本医疗保险制度的有关政策规定，建立了与基本医疗保险管理相适应的内部管理制度，配备了必要的管理人员和设备。

第六条 愿意承担城镇职工基本医疗保险定点服务的医疗机构，应向统筹地区劳动保障行政部门提出书面申请，并提供以下各项材料：

（一）执业许可证副本；

（二）大型医疗仪器设备清单；

（三）上一年度业务收支情况和门诊、住院诊疗服务量（包括门诊诊疗人次、平均每一诊疗人次医疗费、住院人数、出院者平均住院日、平均每一出院者住院医疗费、出院者平均每天住院医疗费等），以及可承担医疗保险服务的能力；

（四）符合医疗机构评审标准的证明材料；

（五）药品监督管理和物价部门监督检查合格的证明材料；

（六）由劳动保障行政部门规定的其他材料。

第七条 劳动保障行政部门根据医疗机构的申请及提供的各项材料对医疗机构进行审查。审查合格的发给定点医疗机构资格证书，并向社会公布，供参保人员选择。

第八条 参保人员在获得定点资格的医疗机构范围内，提出个人就医的定点医疗机构选择意向，由所在单位汇总后，统一报送统筹地区社会保险经办机构。社会保险经办机构根据参保人的选择意向统筹确定定点医疗机构。

第九条 获得定点资格的专科医疗机构和中医医疗机构（含中西医结合医疗机构和民族医医疗机构），可作为统筹地区全体参保人员的定点医疗机构。

除获得定点资格的专科医疗机构和中医医疗机构外，参保人员一般可再选择3至5家不同层次的医疗机构，其中至少应包括1至2家基层医疗机构（包括一级医院以及各类卫生院、门诊部、诊所、卫生所、医务室和社区卫生服务机构）。有管理能力的地区可扩大参保人员选择定点医疗机构的数量。

第十条 参保人员对选定的定点医疗机构，可在1年后提出更改要求,由统筹地区社会保险经办机构办理变更手续。

第十一条 社会保险经办机构要与定点医疗机构签订包括服务人群、服务范围、服务内容、服务质量、医疗费用结算办法、医疗费用支付标准以及医疗费用审核与控制等内容的协议,明确双方的责任、权利和义务。协议有效期一般为1年。任何一方违反协议,对方均有权解除协议,但须提前3个月通知对方和有关参保人,并报统筹地区劳动保障行政部门备案。

第十二条 参保人员应在选定的定点医疗机构就医,并可自主决定在定点医疗机构购药或持处方到定点零售药店购药。

除急诊和急救外,参保人员在非选定的定点医疗机构就医发生的费用,不得由基本医疗保险基金支付。

第十三条 参保人员在不同等级的定点医疗机构就医,个人负担医疗费用的比例可有所差别,以鼓励参保人员到基层定点医疗机构就医。

参保人员在不同等级定点医疗机构就医时个人负担医疗费用的具体比例和参保人员转诊、转院管理办法,由统筹地区劳动保障行政部门制定。

第十四条 定点医疗机构应配备专(兼)职管理人员,与社会保险经办机构共同做好定点医疗服务管理工作。对基本医疗保险参保人员的医疗费用要单独建帐,并按要求及时、准确地向社会保险经办机构提供参保人员医疗费用的发生情况等有关信息。

第十五条 社会保险经办机构要加强对定点医疗机构参保人员医疗费用的检查和审核。定点医疗机构有义务提供审核医疗费用所需的全部诊治资料及帐目清单。

第十六条 社会保险经办机构要按照基本医疗保险的有关政策规定和与定点医疗机构签订的协议,按时足额与定点医疗机构结算医疗费用。对不符合规定的医疗费用,社会保险经办机构不予支付。

第十七条 劳动保障行政部门要组织卫生、物价等有关部门加强对定点医疗机构服务和管理情况的监督检查。对违反规定的定点医疗机构，劳动保障行政部门可视不同情况，责令其限期改正，或通报卫生行政部门给予批评，或取消定点资格。

第十八条 定点医疗机构申请书和定点医疗机构资格证书样式由劳动保障部制定。

第十九条 各省（自治区、直辖市）劳动保障行政部门可根据本办法组织卫生等有关部门制定实施细则。

第二十条 本办法自发布之日起施行。

城镇职工基本医疗保险定点零售药店管理暂行办法

关于印发城镇职工基本医疗保险定点
零售药店管理暂行办法的通知
劳社部发〔1999〕16号

各省、自治区、直辖市劳动（劳动和社会保障）厅（局）、药品监督管理局：

　　为了贯彻落实《国务院关于建立城镇职工基本医疗保险制度的决定》（国发〔1998〕44号），劳动保障部与药品监管局制定了《城镇职工基本医疗保险定点零售药店管理暂行办法》，现印发给你们，请结合实际贯彻执行。

劳动和社会保障部
国家药品监督管理局
一九九九年四月二十六日

　　第一条 为了加强和规范城镇职工基本医疗保险定点零售药店管理，根据《国务院关于建立城镇职工基本医疗保险制度的决定》

（国发〔1998〕44号），制定本办法。

第二条 本办法所称的定点零售药店，是指经统筹地区劳动保障行政部门资格审查，并经社会保险经办机构确定的，为城镇职工基本医疗保险参保人员提供处方外配服务的零售药店。处方外配是指参保人员持定点医疗机构处方，在定点零售药店购药的行为。

第三条 定点零售药店审查和确定的原则是：保证基本医疗保险用药的品种和质量；引入竞争机制，合理控制药品服务成本；方便参保人员就医后购药和便于管理。

第四条 定点零售药店应具备以下资格与条件：

（一）持有《药品经营企业许可证》、《药品经营企业合格证》和《营业执照》，经药品监督管理部门年检合格；

（二）遵守《中华人民共和国药品管理法》及有关法规，有健全和完善的药品质量保证制度，能确保供药安全、有效和服务质量；

（三）严格执行国家、省（自治区、直辖市）规定的药品价格政策，经物价部门监督检查合格；

（四）具备及时供应基本医疗保险用药、24小时提供服务的能力；

（五）能保证营业时间内至少有一名药师在岗，营业人员需经地级以上药品监督管理部门培训合格；

（六）严格执行城镇职工基本医疗保险制度有关政策规定，有规范的内部管理制度，配备必要的管理人员和设备。

第五条 愿意承担城镇职工基本医疗保险定点服务的零售药店，应向统筹地区劳动保障行政部门提出书面申请，并提供以下各项材料：

（一）药品经营企业许可证、合格证和营业执照的副本；

（二）药师以上药学技术人员的职称证明材料；

（三）药品经营品种清单及上一年度业务收支情况；

（四）药品监督管理、物价部门监督检查合格的证明材料；

（五）劳动保障行政部门规定的其他材料。

第六条 劳动保障行政部门根据零售药店的申请及提供的各项材料，对零售药店的定点资格进行审查。

第七条 统筹地区社会保险经办机构在获得定点资格的零售药店范围内确定定点零售药店，统发定点零售药店标牌，并向社会公布，供参保人员选择购药。

第八条 社会保险经办机构要与定点零售药店签订包括服务范围、服务内容、服务质量、药费结算办法以及药费审核与控制等内容的协议，明确双方的责任、权利和义务。协议有效期一般为1年。任何一方违反协议，对方均有权解除协议，但须提前通知对方和参保人，并报劳动保障行政部门备案。

第九条 外配处方必须由定点医疗机构医师开具，有医师签名和定点医疗机构盖章。处方要有药师审核签字，并保存2年以上以备核查。

第十条 定点零售药店应配备专（兼）职管理人员，与社会保险经办机构共同做好各项管理工作。对外配处方要分别管理、单独建帐。定点零售药店要定期向统筹地区社会保险经办机构报告处方外配服务及费用发生情况。

第十一条 社会保险经办机构要加强对定点零售药店处方外配服务情况的检查和费用的审核。定点零售药店有义务提供与费用审核相关的资料及帐目清单。

第十二条 社会保险经办机构要按照基本医疗保险有关政策规定和与定点零售药店签订的协议，按时足额结算费用。对违反规定的费用，社会保险经办机构不予支付。

第十三条 劳动保障行政部门要组织药品监督管理、物价、医药行业主管部门等有关部门，加强对定点零售药店处方外配服务和管理的监督检查。要对定点零售药店的资格进行年度审核。对违反规定的定点零售药店，劳动保障行政部门可视不同情况，责令其限期改正，或取消其定点资格。

第十四条 定点零售药店申请书样式由劳动保障部制定。

第十五条 各省（自治区、直辖市）劳动保障行政部门可根据本办法制定实施细则。

第十六条 本办法自发布之日起施行。

基本医疗保障参保（合）凭证样张、标准格式及填写要求

（中华人民共和国人力资源社会保障部制定）

1. 参保（合）凭证由人力资源和社会保障部、国家卫生和计划生育委员会监制；各统筹地区经办机构按照统一标准填写并打印。

2. 表样规格基于 EXCEL 确定。

3. 采用 A4 幅面无碳复写式白色电脑打印纸。

4. 参保（合）凭证由参保人员留存。

5. 样式中所有文字统一使用"宋体"。标题"参保（合）凭证"采用 20 号字并加粗；其余部分采用 11 号字，其中："**基本信息**"、"**参保信息**"、"**转出地社会保险经办机构信息**"、"**注意事项**"、"**人力资源和社会保障部、国家卫生和计划生育委员会监制**"字样加粗。

6. 参保（合）凭证中表内单元格的文字对齐方式为水平、垂直居中。其中：凭证号、参保（合）起止时间、个人账户余额大写和小写为靠左缩进。

7. 参保（合）凭证中标题行的行高固定为 40，列宽与表格主体宽度一致。表内部分行高固定为 24。

8. 样式"页面设置"项目中，缩放比例一般为 100%。方向为横向；页眉、页脚固定为 0.8；上下边距一般为 0.9，左右边距为 0.3。参保（合）凭证的居中方式为水平、垂直居中。

9. 填写统一使用"仿宋"黑色10号文字,靠左缩进。

10. 参保(合)凭证填写的相关内容应真实;参保(合)凭证不得伪造、涂改和损毁。

流动就业人员基本医疗保险关系转移接续业务经办规程

人力资源社会保障部办公厅关于印发
流动就业人员基本医疗保险关系转移
接续业务经办规程的通知
人社厅发〔2016〕94号

各省、自治区、直辖市及新疆生产建设兵团人力资源社会保障厅(局):

为落实人力资源社会保障部、国家发展改革委、财政部、国家卫生计生委《关于做好进城落户农民参加基本医疗保险和关系转移接续工作的办法》(人社部发〔2015〕80号)要求,规范流动就业人员基本医疗保险关系转移接续经办工作,我们制定了《流动就业人员基本医疗保险关系转移接续业务经办规程》(以下简称《规程》)。现印发你们,请遵照执行。

各地可结合本地流动就业人员实际情况和管理服务能力,细化完善《规程》。有关情况请及时向我部社会保险事业管理中心报告。

人力资源社会保障部办公厅
2016年6月22日

第一条 为统一规范流动就业人员基本医疗保险关系转移接续业务办理流程，根据《流动就业人员基本医疗保障关系转移接续暂行办法》（人社部发〔2009〕191号）和《关于做好进城落户农民参加基本医疗保险和关系转移接续工作的办法》（人社部发〔2015〕80号），制定本规程。

第二条 本规程适用于职工基本医疗保险和城镇（城乡）居民基本医疗保险参保人员（以下简称参保人员）流动就业时跨制度、跨统筹地区转移接续基本医疗保险关系的业务经办。

第三条 本规程所称经办机构是指社会（医疗）保险经办机构。本规程所称参保（合）凭证是各统筹地区经办机构按照人力资源社会保障部、国家卫生计生委监制要求填写和打印的凭证。

第四条 参保人员跨统筹地区流动前，参保人员或其所在用人单位到基本医疗保险关系所在地（以下简称"转出地"）经办机构办理中止参保手续，并按规定提供居民身份证等相关证明材料，申请开具参保（合）凭证。

转出地经办机构应核实参保人在本地的缴费年限和缴费情况，核算个人账户资金，生成并出具参保（合）凭证；对有欠费的参保人员，告知欠费情况并提醒其及时补缴。

转出地经办机构应保留其参保信息，以备核查。参保人遗失参保（合）凭证，转出地经办机构应予补办。

第五条 参保人员跨统筹地区流动就业后，按规定参加转入地基本医疗保险。参保人员或其新就业的用人单位向转入地经办机构提出转移申请并提供参保（合）凭证，填写《基本医疗保险关系转移接续申请表》（以下简称《申请表》），并按规定提供居民身份证等相关证明材料。

转入地经办机构受理申请后，对符合当地转移接续条件的，应在受理之日起15个工作日内与转出地经办机构联系，生成并发出《基本医疗保险关系转移接续联系函》（以下简称《联系函》）。

第六条 转出地经办机构在收到《联系函》之日起的15个工

作日内完成以下转移手续：

1. 终止参保人员在本地的基本医疗保险关系。

2. 按规定处理个人账户，需办理个人账户余额划转手续的，划转时需标明转移人员姓名和社会保障号。

3. 生成并核对《参保人员基本医疗保险类型变更信息表》（以下简称《信息表》），并提供给转入地经办机构。

4. 转出地经办机构将参保人员有关信息转出后，仍需将该信息保留备份。

《联系函》信息不全或有误的，应及时联系转入地经办机构，转入地经办机构应予以配合更正或说明情况。不符合转移条件的，转出地经办机构应通知转入地经办机构。

第七条　转入地经办机构在收到《信息表》和个人账户余额后的15个工作日内办结以下接续手续：

1. 核对《信息表》列具的信息及转移的个人账户金额。

2. 将转移的个人账户金额计入参保人员的个人账户。

3. 根据《信息表》及用人单位或参保人员提供的材料，补充完善相关信息。

4. 将办结情况通知用人单位或参保人员。

5. 《信息表》按照社保档案管理规定存档备案。

参保（合）凭证、《信息表》或个人账户金额有误的，转入地经办机构应及时联系转出地经办机构，转出地经办机构应予以配合更正或说明情况。

第八条　人力资源社会保障部制定《基本医疗保障参保（合）凭证样张、标准格式和填写要求》，并将凭证样张公布在部网站上，各地经办机构按照标准打印。

第九条　各统筹地区经办人员可以登录人力资源社会保障部网址（http://www.mohrss.gov.cn）查询全国县级以上经办机构的邮寄地址、联系电话和传真号码，下载各地行政区划代码。经办机构联系方式发生变化，要及时通过系统变更或直报人力资源社会保障部社会保险事业管理中心，确保部网站上公布的县级以上经办机构信息的准确性。

第十条 关系转移接续函、表等材料应以纸质方式通过信函邮寄。为便于及时办理手续，经办机构间尚未实现信息系统互联的，可先通过传真方式传送相关材料；已经实现信息系统互联的，可先通过信息系统交换参保人员基本医疗保险关系转移接续的有关信息。

第十一条 进城落户农民和流动就业人员参加新农合或城镇（城乡）居民等基本医疗保险的信息应连续计入新参保地业务档案，保证参保记录的完整性和连续性。

第十二条 本规程从2016年9月1日起实施。原《流动就业人员基本医疗保险关系转移接续业务经办规程（试行）》（人社险中心函〔2010〕58号）同时废止。

机关事业单位基本养老保险关系和职业年金转移接续经办规程（暂行）

人力资源社会保障部办公厅关于印发
《机关事业单位基本养老保险关系和职业
年金转移接续经办规程（暂行）》的通知
人社厅发〔2017〕7号

各省、自治区、直辖市及新疆生产建设兵团人力资源社会保障厅（局），中央国家机关养老保险管理中心：

为统一规范机关事业单位基本养老保险关系和职业年金转移接续业务经办流程，确保转移接续衔接顺畅，按照《国务院关于机关事业单位工作人员养老保险制度改革的决定》（国发〔2015〕2号）和《关于机关事业单位基本养老保险关系和职业年金转移接续有关问题的通知》（人社部规〔2017〕1号）确定的基本原则和主要政策，我部制定了《机关事业单位基本养老保险关系和职业年金转移接续经办规程（暂行）》（以下简称"经办规程"）。现印发给你们，并就贯彻执行经办规程提出如下要求：

一、充分认识做好转移接续工作的重要意义。做好机关事业单位基本养老保险关系和职业年金的转移接续工作，有利于保障参保人员流动时的养老保险权益，促进机关事业单位养老保险制度改革顺利推进。制定和施行统一规范的经办规程，是贯彻落实机关事业单位养老保险制度改革的配套文件，是经办职工养老保险关系转移接续的基本遵循，也是规范经办管理服务工作的根本保证。各级社会保险经办机构要统一思想，提高认识，认真学习经办规程的内容，遵循经办规程的具体要求，切实做好经办规程的贯彻落实工作。

二、准确把握经办规程的基本内容和要求。机关事业单位基本养老保险关系和职业年金转移接续工作是社会保险经办机构的一项新业务，经办规程既包括机关事业单位基本养老保险关系，也包括职业年金转移接续；既涉及机关事业单位之间、机关事业单位与企业之间基本养老保险关系转移接续，也涉及职业年金与企业年金之间的转移接续。各级社会保险经办机构要认真掌握转移接续的政策依据、适用范围和责任主体等内容；严格执行经办规则和相关要求，遵守经办服务职责、流程、标准和时限；准确理解职工基本养老保险关系和职业年金转入转出信息、资金等项目的指标解释，正确使用各种账表卡册；重点掌握职业年金转移涉及的补记、记实、保留以及企业年金等衔接办法；熟悉多次转移、欠费、重复缴费等情形的处理办法，保证机关事业单位基本养老保险关系和职业年金转移接续经办工作有章可循、精准实施。

三、扎实开展宣传培训工作。经办规程政策性、专业性和操作性强，及时开展宣传引导和业务培训工作十分重要。各地要制定宣传方案，统一宣传口径，印制宣传资料等；依据经办规程，认真梳理参保人员关心、社会关注的重点、难点和热点问题，明确宣传重点内容和重点对象；充分发挥网络、报刊、电视等媒介作用，帮助参保人员全面准确了解相关政策，耐心释疑解惑，合理引导社会预期和舆论方向。各地要把培训作为业务经办工作的重要基础，有计划、分层次地组织学习培训。要抓好经办骨干培训，培养一支政策宣讲和业务操作能手，做到精准操作，运用自如。同时要抓好参保单位人力资源管理人员的培训，确保经办规程落实不走样。

四、着力加强经办管理服务工作。各地要严格按照经办规程的要求，细化省内转移接续规程，优化转移接续流程，简化办事环节和手续，拓展服务渠道，创新服务方式，提高经办管理质量和服务水平。要加强机关事业单位基本养老保险个人账户和职业年金个人账户管理，规范账户项目，强化分项管理，分类做好基本养老保险个人账户资金、缴费形成的职业年金、参加本地机关事业单位养老保险试点的个人缴费本息划转的资金、补记的职业年金和企业年金等记账管理工作，确保分得清、记得准、转得动、接得上，维护参保人员的合法权益。要加强经办能力建设，适当充实经办力量，配置必要工作设施，落实工作经费。抓紧改造本地业务信息系统，实现地方与部级转移接续信息系统无缝衔接，推动跨区域信息互联互通，充分应用信息系统提高转移接续效率。加快推进"互联网+公共服务"，方便参保人员办理关系转移手续和查询咨询相关业务。切实加强地区之间、社会保险经办机构之间和部门（单位）之间的沟通协调，强化责任，上下联动，左右协调，形成工作合力，为参保单位和参保人员提供方便、快捷、优质的服务。

五、建立工作分析报告制度。各地要组织好所属地区转移人次和基金的统计、核实、汇总、上报工作，确保数据真实、及时和准确，每季度次月10日前将数据上报部社保中心。要对转移接续情况进行动态监测，认真解决衔接不顺、转移不畅的问题。要跟踪了解经办规程的实施情况，研究解决工作中出现的新情况、新问题，加强风险防控，及时化解各种矛盾，重要情况和重大问题及时报告。

六、切实加强组织领导。做好机关事业单位基本养老保险关系和职业年金转移接续工作，直接关系到参保人员的切身利益，事关改革发展稳定大局。各级人力资源社会保障部门要高度重视，加强组织领导，精心筹划实施。各地社会保险经办机构要严格按照经办规程的要求，结合本地区工作实际，研究制定贯彻落实的工作实施方案，明确任务、明确责任、明确时限、明确要求，并加强督促检查，确保落实到位。

人力资源社会保障部办公厅
2017年1月18日

第一章　总　则

第一条　为统一规范机关事业单位工作人员基本养老保险关系和职业年金转移接续业务经办程序，根据《国务院关于机关事业单位工作人员养老保险制度改革的决定》（国发〔2015〕2号）、《国务院办公厅关于印发机关事业单位职业年金办法的通知》（国办发〔2015〕18号）、《关于机关事业单位基本养老保险关系和职业年金转移接续有关问题的通知》(人社部规〔2017〕1号)和《关于印发职业年金基金管理暂行办法的通知》(人社部发〔2016〕92号),制定本规程。

第二条 本规程适用于参加基本养老保险在职人员(以下简称参保人员)在机关事业单位之间、机关事业单位与企业之间流动就业时,其基本养老保险关系和职业年金、企业年金转移接续的业务经办。

第三条 县级以上社会保险经办机构负责机关事业单位基本养老保险关系和职业年金的转移接续业务经办。

第四条 参保人员符合以下条件的,应办理基本养老保险关系和职业年金的转移接续:

(一)在机关事业单位之间流动的;

(二)在机关事业单位和企业(含个体工商户和灵活就业人员)之间流动的;

(三)因辞职辞退等原因离开机关事业单位的。

第五条 参保人员在同一统筹范围内机关事业单位之间流动的,只转移基本养老保险关系,不转移基本养老保险基金。省(自治区、直辖市)内机关事业单位基本养老保险关系转移接续经办规程由各省(自治区、直辖市)制定。

省内建立一个职业年金计划或建立多个职业年金计划且实行统一收益率的,参保人员在本省(自治区、直辖市)机关事业单位之间流动时,只转移职业年金关系,不转移职业年金基金;需要记实职业年金的,按规定记实后再办理转移接续。省内建立多个职业年金计划且各年金计划分别计算收益率的,参保人员在省内各年金计划之间的转移接续,由各省(自治区、直辖市)自行制定实施细则。

第六条 转出地和转入地社会保险经办机构通过全国基本养老保险关系跨省转移接续系统,进行基本养老保险关系和职业年金转移接续信息交换。

第二章 基本养老保险关系转移接续

第七条 参保人员在机关事业单位之间跨省流动的、从机关事业单位流动到企业的,按以下流程办理:

(一)出具参保缴费凭证。参保人员转移接续前,参保单位或参保人员到基本养老保险关系所在地(以下简称转出地)社会保险经办机构申请开具《养老保险参保缴费凭证》(以下简称《参保缴费凭证》)。转出地社会保险经办机构核对相关信息后,出具《参保缴费凭证》,并告知转移接续条件。

(二)转移接续申请。参保人员新就业单位或本人向新参保地(以下简称转入地)社会保险经办机构提出转移接续申请并出示《参保缴费凭证》,填写《养老保险关系转移接续申请表》(以下简称《申请表》)。如参保人员在离开转出地时未开具《参保缴费凭证》,由转入地社会保险经办机构与转出地社会保险经办机构联系补办。

(三)发联系函。转入地社会保险经办机构对符合转移接续条件的,应在受理之日起15个工作日内生成《基本养老保险关系转移接续联系函》(以下简称《基本养老保险联系函》),并向参保人员转出地社会保险经办机构发出。

(四)转出基本养老保险信息表和基金。转出地社会保险经办机构在收到《基本养老保险联系函》之日起15个工作日内完成以下手续:

1. 核对有关信息并生成《基本养老保险关系转移接续信息表》(以下简称《基本养老保险信息表》);机关事业单位之间转移接续的,转出地社会保险经办机构应将缴费工资基数、相应年度在岗职工平均工资等记录在《基本养老保险信息表附表》;

2. 办理基本养老保险基金划转手续。其中:个人缴费部分按记入本人个人账户的全部储存额计算转移。单位缴费部分以本人改革后各年度实际缴费工资为基数,按12%的总和转移;参保缴费不足

1年的，按实际缴费月数计算转移。当发生两次及以上转移的，原从企业职工基本养老保险转入的单位缴费部分和个人账户储存额随同转移；

3. 将《基本养老保险信息表》和《基本养老保险信息表附表》传送给转入地社会保险经办机构；

4. 终止参保人员在本地的基本养老保险关系。

（五）基本养老保险关系转入。转入地社会保险经办机构收到《基本养老保险信息表》和转移基金，在信息、资金匹配一致后15个工作日内办结以下接续手续：

1. 核对《基本养老保险信息表》及转移基金额；

2. 将转移基金额按规定分别记入统筹基金和参保人员个人账户；

3. 根据《基本养老保险信息表》及参保单位或参保人员提供的材料，补充完善相关信息；机关事业单位之间转移接续的，根据《基本养老保险信息表附表》按照就高不就低的原则核实参保人员的实际缴费指数。

4. 将办结情况告知新参保单位或参保人员。

第八条　参保人员从企业流动到机关事业单位的，其流程按本规程第七条规定办理。转移基金按以下办法计算：

（一）个人账户储存额：1998年1月1日之前个人缴费累计本息和1998年1月1日之后个人账户的全部储存额。个人账户储存额与按规定计算的资金转移额不一致的，1998年1月1日之前的，转入地和转出地均保留原个人账户记录；1998年1月1日至2005年12月31日期间，个人账户记账比例高于11%的部分不计算为转移基金，个人账户记录不予调整，低于11%的，转出地按11%计算转移资金并相应调整个人账户记录；2006年1月1日之后的个人账户记账比例高于8%的部分不转移，个人账户不予调整，低于8%的，转出地按8%计算转移资金，并相应调整个人账户记录。

（二）统筹基金（单位缴费）：以本人1998年1月1日后各年

— 77 —

度实际缴费工资为基数，按12%的总和转移；参保缴费不足1年的，按实际缴费月数计算转移。

第九条 参保人员因辞职、辞退、未按规定程序离职、开除、判刑等原因离开机关事业单位的，应将基本养老保险关系转移至户籍所在地企业职工社会保险经办机构，按以下流程办理转移接续手续：

（一）原参保单位提交《机关事业单位辞职辞退等人员基本养老保险关系转移申请表》，并提供相关资料。

（二）转出地社会保险经办机构在收到《机关事业单位辞职辞退等人员基本养老保险关系转移申请表》之日起15个工作日内完成以下手续：

1. 核对有关信息并生成《基本养老保险信息表》；

2. 办理基本养老保险基金划转手续，转移基金额按本规程第七条第四款第2项规定计算；

3. 将《基本养老保险信息表》传送给转入地社会保险经办机构；

4. 终止参保人员在本地的基本养老保险关系并将办结情况告知原参保单位。

（三）基本养老保险关系转入。转入地社会保险经办机构收到《基本养老保险信息表》和转移基金，在信息、资金匹配一致后15个工作日内办结以下接续手续：

1. 核对《基本养老保险信息表》及转移基金额；

2. 将转移基金额按规定分别记入统筹基金和参保人员个人账户；

3. 根据《基本养老保险信息表》及相关资料，补充完善相关信息；

4. 将办结情况告知参保人员或原参保单位。

第三章 职业年金转移接续

第十条 参保人员出现以下情形之一的，参保单位或参保人员

在申报基本养老保险关系转移接续时,应当一并申报职业年金(企业年金)转移接续:

(一)从机关事业单位流动到本省(自治区、直辖市)内的机关事业单位。

(二)从机关事业单位流动到本省(自治区、直辖市)外的机关事业单位。

(三)从机关事业单位流动到已建立企业年金的新参保单位。

(四)从已建立企业年金的参保单位流动到机关事业单位。

第十一条 社会保险经办机构在办理职业年金转移接续时,需转移以下基金项目:

(一)缴费形成的职业年金;

(二)参加本地机关事业单位养老保险试点的个人缴费本息划转的资金;

(三)补记的职业年金;

(四)原转入的企业年金。

以上项目应在职业年金个人账户管理中予以区分,分别管理并计算收益。

第十二条 参加机关事业单位养老保险人员在2014年10月1日后办理了正式调动或辞职、辞退手续离开机关事业单位的,应由原参保单位填报《职业年金补记申请表》,并提供其改革前本人在机关事业单位工作年限相关证明材料。转出地社会保险经办机构依据单位申请资料,协助计算所需补记的职业年金个人账户金额,生成《职业年金个人账户记实/补记通知》(以下简称《记实/补记通知》);原参保单位根据《记实/补记通知》向原资金保障渠道申请资金,及时划转至社会保险经办机构职业年金归集账户。社会保险经办机构确认账实相符后,记入其职业年金个人账户。

第十三条 参保人员在相应的同级财政全额供款的单位之间流动的,职业年金个人账户中记账金额无需记实,继续由转入单位采取记账方式管理。

除此之外，职业年金个人账户中记账部分需在转移接续前记实。参保人员需要记实本人职业年金记账部分时，转出地社会保险经办机构应根据参保单位申请资料，向其出具《记实/补记通知》，记实资金到账并核对一致后，记入参保人员的职业年金个人账户。

第十四条 参保人员从机关事业单位流动到本省（自治区、直辖市）以外机关事业单位的，按以下流程办理职业年金转移接续：

（一）出具参保缴费凭证，按本规程第七条第一款规定办理。

（二）发年金联系函。新参保单位向转入地社会保险经办机构申请职业年金转入，转入地社会保险经办机构受理并审核相关资料，符合转移接续条件的，在受理之日起15个工作日内向转出地社会保险经办机构发出《职业年金（企业年金）关系转移接续联系函》（以下简称《年金联系函》）；对不符合转移接续条件的，应一次性告知需补充的相关材料。

（三）转出年金信息表、基金。转出地社会保险经办机构在收到《年金联系函》后，在确认补记年金、记实资金足额到账之日起45个工作日内完成以下手续：

1. 办理职业年金个人账户的记实、补记和个人账户资产的赎回等业务；

2. 核对有关信息并生成《职业年金（企业年金）关系转移接续信息表》（以下简称《年金信息表》）；

3. 向转入地社会保险经办机构发送《年金信息表》，同时将转移资金划转至转入地社会保险经办机构职业年金归集账户；

4. 终止参保人员在本地的职业年金关系。

（四）职业年金关系转入。转入地社会保险经办机构在收到《年金信息表》和确认转移基金账实相符后，15个工作日内办结以下接续手续：

1. 核对《年金信息表》及转移基金，进行资金到账处理；

2. 将转移金额按项目分别记入参保人员的职业年金个人账户；

3. 根据《年金信息表》及参保单位或参保人员提供的材料，

补充完善相关信息；

4. 将办结情况通知新参保单位或参保人员。

第十五条 参保人员从机关事业单位流动到已建立企业年金制度的企业，原参保单位或参保人员申请办理职业年金转移接续。参保人员存在职业年金补记、职业年金个人账户记实等情形的，转出地社会保险经办机构完成上述业务后，45个工作日内办结以下转出手续：

（一）受理并审核企业年金管理机构出具的《年金联系函》；

（二）转出地社会保险经办机构核对相关信息后生成《年金信息表》，将赎回的职业年金个人账户资金划转至新参保单位的企业年金受托财产托管账户；

（三）将《年金信息表》通过新参保单位或参保人员反馈至企业年金管理机构；

（四）终止参保人员的职业年金关系。

第十六条 参保人员从已建立企业年金制度的企业流动到机关事业单位的，转入地社会保险经办机构按以下流程办理转入手续：

（一）受理参保单位或参保人员提出的转移接续申请，15个工作日内向其出具《年金联系函》；

（二）审核企业年金管理机构提供的参保人员参加企业年金的证明材料；

（三）接收转入资金，账实匹配后按规定记入职业年金个人账户。

第十七条 存在下列情形之一的，参保人员的职业年金基金不转移，原参保地社会保险经办机构在业务系统中标识保留账户，继续管理运营其职业年金个人账户：

（一）参保人员升学、参军、失业期间的；

（二）参保人员的新就业单位没有实行职业年金或企业年金制度的。

社会保险经办机构在参保单位办理上述人员相关业务时，应告知参保单位按规定申请资金补记职业年金或记实职业年金记账部分，在记实或补记资金账实相符后，将记实或补记金额记入参保人员的职业年金个人账户。

参保人员退休时，负责管理运营职业年金保留账户的社会保险经办机构依本人申请按照国办发〔2015〕18号文件规定计发职业年金待遇。同时，将原参加本地试点的个人缴费本息划转资金的累计储存额一次性支付给本人。

第十八条 参保人员从企业再次流动到机关事业单位的，转入地社会保险经办机构按以下方式办理：

（一）未参加企业年金制度的企业转出，转入的机关事业单位和原机关事业单位在同一省（自治区、直辖市）内的，转入地机关事业单位社会保险经办机构将参保人员保留账户恢复为正常缴费账户，按规定继续管理运营。

（二）未参加企业年金制度的企业转出，转入的机关事业单位和原机关事业单位不在同一省（自治区、直辖市）内的，参保人员的职业年金保留账户按照制度内跨省转移接续流程（本规程第十四条）办理。

（三）建立企业年金制度的企业转出，按照从企业流动到机关事业单位的企业年金转移接续流程（本规程第十六条）办理。

第十九条 参保人员再次从机关事业单位流动到企业的，不再重复补记职业年金。参保人员再次从企业流动到机关事业单位的，在机关事业单位养老保险制度内退休时，待遇领取地社会保险经办机构将补记职业年金本金及投资收益划转到机关事业单位基本养老保险统筹基金。

第二十条 参保人员达到待遇领取条件时，存在建立多个职业年金关系的，应由待遇领取地社会保险经办机构通知其他建立职业年金关系的社会保险经办机构，按照本规程第十四条规定将职业年金关系归集至待遇领取地社会保险经办机构。

第二十一条 参保人员从企业流动到机关事业单位的，原在企业建立的企业年金按规定转移接续并继续管理运营。参保人员在机关事业单位养老保险制度内退休时，过渡期内，企业年金累计储存额不计入新老办法标准对比范围，企业年金累计储存额除以计发月数，按月领取；过渡期之后，将职业年金、企业年金累计储存额合并计算，按照国办发〔2015〕18号文件计发职业年金待遇。

第二十二条 改革前参加地方原有试点、改革后纳入机关事业单位基本养老保险的人员，改革前的个人缴费本息划入本人职业年金个人账户管理。

第四章 其他情形处理

第二十三条 参保人员转移接续基本养老保险关系前本人欠缴基本养老保险费的，由本人向原基本养老保险关系所在地补缴个人欠费后再办理基本养老保险关系转移接续手续，同时原参保所在地社会保险经办机构负责转出包括参保人员原欠缴年份的单位缴费部分；本人不补缴个人欠费的，社会保险经办机构也应及时办理基本养老保险关系和基金转出的各项手续，其欠缴基本养老保险费的时间不计算缴费年限，个人欠费的时间不转移基金，之后不再办理补缴欠费。

第二十四条 参保人员同时存续基本养老保险关系或重复缴纳基本养老保险费的，转入地社会保险经办机构应按"先转后清"的原则，在参保人员确认保留相应时段缴费并提供退款账号后，办理基本养老保险关系清理和个人账户储存额退还手续。

第二十五条 转入地社会保险经办机构发现《养老保险信息表》转移金额等信息有误的，应通过全国基本养老保险关系转移接续系统或书面材料告知转出地社会保险经办机构。由转出地社会保险经办机构补充完善相关资料后，转入地社会保险经办机构办理相关转移接续手续。

第二十六条 社会保险经办机构在办理养老保险关系转移接续时，对资料不全或不符合规定的，应一次性告知需要补充和更正的资料或不予受理的理由。

第二十七条 转出地社会保险经办机构对参保人员转移接续的有关信息应保留备份。

第五章 附 则

第二十八条 本规程由人力资源社会保障部负责解释。

中国人民解放军军人退役医疗保险暂行办法

国务院办公厅 中央军委办公厅关于印发
《中国人民解放军军人退役医疗保险
暂行办法》的通知
国办发〔1999〕100号

各省、自治区、直辖市人民政府,国务院各部委、各直属机构,各军区,各军兵种、各总部、军事科学院、国防大学、国防科学技术大学,武警总部:

经国务院、中央军委批准,现将《中国人民解放军军人退役医疗保险暂行办法》印发给你们,请遵照执行。

国务院办公厅
中央军委办公厅
一九九九年十二月十六日

一、为了保障军人退出现役后享有国家规定的医疗保险待遇,维护军人权益,激励军人安心服役,根据《中华人民共和国国防法》的有关规定,结合军队实际,制定本办法。

二、国家实行军人退役医疗保险制度，设立军人退役医疗保险基金，对军人退出现役后的医疗费用给予补助。中国人民解放军根据国家的有关规定，为军人建立退役医疗保险个人帐户。

三、师职以下现役军官、局级和专业技术四级以下文职干部、士官、义务兵和具有军籍的学员依照本办法参加军人退役医疗保险。

四、各级后勤（联勤）机关按照职责分工，负责军人退役医疗保险个人帐户的建立和基金的筹集、管理、支付。

五、城镇职工基本医疗保险统筹地区人民政府劳动和社会保障部门负责军人退役后的医疗保险管理工作。

六、军人退役医疗保险基金由国家财政拨款和军人缴纳的退役医疗保险费组成。

七、师职以下现役军官、局级和专业技术四级以下文职干部和士官，每人每月按照本人工资收入1%的数额缴纳退役医疗保险费。国家按照军人缴纳的退役医疗保险费的同等数额，给予军人退役医疗补助。

八、军人缴纳的退役医疗保险费和国家给予的军人退役医疗补助，由其所在单位后勤（联勤）机关财务部门逐月计入本人的退役医疗保险个人帐户。

九、军人退役医疗保险个人帐户资金的利息每年计算一次，计入军人退役医疗保险个人帐户。

军人退役医疗保险个人帐户资金的利率，由中国人民解放军总后勤部根据中国人民银行公布的相应利率确定。

十、军官、文职干部晋升为军职或者享受军职待遇的，不再缴纳退役医疗保险费，个人缴纳的退役医疗保险费连同利息一并退还本人。

缴纳退役医疗保险费后致残的二等乙级以上革命伤残军人，退还个人缴纳的退役医疗保险费及利息。

十一、师职以下现役军官、局级和专业技术四级以下文职干部、士官退出现役时，其退役医疗保险个人帐户的资金和利息，由本人所在单位后勤（联勤）机关财务部门结清。

十二、义务兵、供给制学员不缴纳退役医疗保险费，服役期间不建立退役医疗保险个人帐户。

义务兵退出现役时，按照上一年度全国城镇职工平均工资收入的1.6%乘以服役年数的计算公式计付军人退役医疗保险金。

十三、军人退出现役后，按照国家规定不参加城镇职工基本医疗保险的，由军人所在单位后勤（联勤）机关财务部门将军人退役医疗保险金发给本人；按照国家规定应当参加城镇职工基本医疗保险的，由军人所在单位后勤（联勤）机关财务部门将军人退役医疗保险金转入军人安置地的社会保险经办机构，具体办法由中国人民解放军总后勤部会同劳动保障部等有关部门制定。

十四、从地方直接招收的军官、文职干部和士官入伍时由地方社会保险经办机构将其基本医疗保险个人帐户结余部分转入接收单位后勤（联勤）机关财务部门，计入本人的退役医疗保险个人帐户，并逐级上交中国人民解放军总后勤部。

十五、军人牺牲或者病故的，其退役医疗保险个人帐户资金可以依法继承。

十六、军人退役医疗保险基金实行集中统管，任何单位或者个人不得挤占挪用。

十七、军人退役医疗保险基金的存储、划拨、运营、预决算管理和会计核算，必须严格执行国家和军队的有关规定。基金利息等收益全部纳入军人退役医疗保险基金。

十八、中国人民解放军各级审计部门按照规定的职责，对军人退役医疗保险基金的收支和管理进行审计监督。

十九、有下列情形之一的，对直接负责的主管人员和其他直接责任人员，依照国家和军队的有关规定给予处分；涉嫌犯罪的，移交司法机关依法处理；对单位给予通报批评，责令限期改正，并依照国家和军队有关规定给予处罚：

（一）出具假证明，伪造公文、证件骗取军人退役医疗保险金的；

（二）不按照规定转移和接收军人退役医疗保险个人帐户资金的；

（三）贪污挪用军人退役医疗保险基金的；

（四）虚报冒领、不按照规定计发军人退役医疗保险金的；

（五）其他违反本办法，妨害军人退役医疗保险工作的。

二十、移交政府安置的军队离休人员和退出现役的二等乙级以上革命伤残军人的医疗待遇，按照国务院、中央军委的有关规定执行。

移交政府安置的军队退休干部、士官的医疗待遇政策，由军队有关部门商国务院有关部门另行制定。

二十一、本办法适用于中国人民武装警察部队。

二十二、本办法由劳动保障部和中国人民解放军总后勤部负责解释。

二十三、本办法自 2000 年 1 月 1 日起施行。

附 录

国务院关于整合城乡居民基本
医疗保险制度的意见

国发〔2016〕3号

各省、自治区、直辖市人民政府，国务院各部委、各直属机构：

整合城镇居民基本医疗保险（以下简称城镇居民医保）和新型农村合作医疗（以下简称新农合）两项制度，建立统一的城乡居民基本医疗保险（以下简称城乡居民医保）制度，是推进医药卫生体制改革、实现城乡居民公平享有基本医疗保险权益、促进社会公平正义、增进人民福祉的重大举措，对促进城乡经济社会协调发展、全面建成小康社会具有重要意义。在总结城镇居民医保和新农合运行情况以及地方探索实践经验的基础上，现就整合建立城乡居民医保制度提出如下意见。

一、总体要求与基本原则

（一）总体要求

以邓小平理论、"三个代表"重要思想、科学发展观为指导，认真贯彻党的十八大、十八届二中、三中、四中、五中全会和习近平总书记系列重要讲话精神，落实党中央、国务院关于深化医药卫生体制改革的要求，按照全覆盖、保基本、多层次、可持续的方针，加强统筹协调与顶层设计，遵循先易后难、循序渐进的原则，从完善政策入手，推进城镇居民医保和新农合制度整合，逐步在全国范围内建立起统一的城乡居民医保制度，推动保障更加公平、管理服务更加规范、医疗资源利用更加有效，促进全民医保体系持续健康发展。

（二）基本原则

1. 统筹规划、协调发展。要把城乡居民医保制度整合纳入全民医保体系发展和深化医改全局，统筹安排，合理规划，突出医保、医疗、医药三医联动，加强基本医保、大病保险、医疗救助、疾病应急救助、商业健康保险等衔接，强化制度的系统性、整体性、协同性。

2. 立足基本、保障公平。要准确定位，科学设计，立足经济社会发展水平、城乡居民负担和基金承受能力，充分考虑并逐步缩小城乡差距、地区差异，保障城乡居民公平享有基本医保待遇，实现城乡居民医保制度可持续发展。

3. 因地制宜、有序推进。要结合实际，全面分析研判，周密制订实施方案，加强整合前后的衔接，确保工作顺畅接续、有序过渡，确保群众基本医保待遇不受影响，确保医保基金安全和制度运行平稳。

4. 创新机制、提升效能。要坚持管办分开，落实政府责任，完善管理运行机制，深入推进支付方式改革，提升医保资金使用效率和经办管理服务效能。充分发挥市场机制作用，调动社会力量参与基本医保经办服务。

二、整合基本制度政策

（一）统一覆盖范围

城乡居民医保制度覆盖范围包括现有城镇居民医保和新农合所有应参保（合）人员，即覆盖除职工基本医疗保险应参保人员以外的其他所有城乡居民。农民工和灵活就业人员依法参加职工基本医疗保险，有困难的可按照当地规定参加城乡居民医保。各地要完善参保方式，促进应保尽保，避免重复参保。

（二）统一筹资政策

坚持多渠道筹资，继续实行个人缴费与政府补助相结合为主的筹资方式，鼓励集体、单位或其他社会经济组织给予扶持或资助。各地要统筹考虑城乡居民医保与大病保险保障需求，按照基金收支平衡的原则，合理确定城乡统一的筹资标准。现有城镇居民医保和新农合个人缴费标准差距较大的地区，可采取差别缴费的办法，利用2—3年时间逐步过渡。整合后的实际人均筹资和个人缴费不得低于现有水平。

完善筹资动态调整机制。在精算平衡的基础上，逐步建立与经济社会发展水平、各方承受能力相适应的稳定筹资机制。逐步建立个人缴费标准与城乡居民人均可支配收入相衔接的机制。合理划分政府与个人的筹资责任，在提高政府补助标准的同时，适当提高个人缴费比重。

（三）统一保障待遇

遵循保障适度、收支平衡的原则，均衡城乡保障待遇，逐步统一保障范围和支付标准，为参保人员提供公平的基本医疗保障。妥善处理整合前的特殊保障政策，做好过渡与衔接。

城乡居民医保基金主要用于支付参保人员发生的住院和门诊医药费用。稳定住院保障水平，政策范围内住院费用支付比例保持在75%左右。进一步完善门诊统筹，逐步提高门诊保障水平。逐步缩小政策范围内支付比例与实际支付比例间的差距。

（四）统一医保目录

统一城乡居民医保药品目录和医疗服务项目目录，明确药品和医疗服务支付范围。各省（区、市）要按照国家基本医保用药管理和基本药物制度有关规定，遵循临床必需、安全有效、价格合理、技术适宜、基金可承受的原则，在现有城镇居民医保和新农合目录的基础上，适当考虑参保人员需求变化进行调整，有增有减、有控有扩，做到种类基本齐全、结构总体合理。完善医保目录管理办法，实行分级管理、动态调整。

（五）统一定点管理

统一城乡居民医保定点机构管理办法，强化定点服务协议管理，建立健全考核评价机制和动态的准入退出机制。对非公立医疗机构与公立医疗机构实行同等的定点管理政策。原则上由统筹地区管理机构负责定点机构的准入、退出和监管，省级管理机构负责制订定点机构的准入原则和管理办法，并重点加强对统筹区域外的省、市级定点医疗机构的指导与监督。

（六）统一基金管理

城乡居民医保执行国家统一的基金财务制度、会计制度和基金预决算管理制度。城乡居民医保基金纳入财政专户，实行"收支两条线"管理。基金独立核算、专户管理，任何单位和个人不得挤占挪用。

结合基金预算管理全面推进付费总额控制。基金使用遵循以收定支、收支平衡、略有结余的原则，确保应支付费用及时足额拨付，合理控制基金当年结余率和累计结余率。建立健全基金运行风险预警机制，防范基金风险，提高使用效率。

强化基金内部审计和外部监督，坚持基金收支运行情况信息公开和参保人员就医结算信息公示制度，加强社会监督、民主监督和舆论监督。

三、理顺管理体制

（一）整合经办机构

鼓励有条件的地区理顺医保管理体制，统一基本医保行政管理职能。充分利用现有城镇居民医保、新农合经办资源，整合城乡居民医保经办机构、人员和信息系统，规范经办流程，提供一体化的经办服务。完善经办机构内外部监督制约机制，加强培训和绩效考核。

（二）创新经办管理

完善管理运行机制，改进服务手段和管理办法，优化经办流程，提高管理效率和服务水平。鼓励有条件的地区创新经办服务模式，推进管办分开，引入竞争机制，在确保基金安全和有效监管的前提下，以政府购买服务的方式委托具有资质的商业保险机构等社会力量参与基本医保的经办服务,激发经办活力。

四、提升服务效能

(一)提高统筹层次

城乡居民医保制度原则上实行市(地)级统筹,各地要围绕统一待遇政策、基金管理、信息系统和就医结算等重点,稳步推进市(地)级统筹。做好医保关系转移接续和异地就医结算服务。根据统筹地区内各县(市、区)的经济发展和医疗服务水平,加强基金的分级管理,充分调动县级政府、经办管理机构基金管理的积极性和主动性。鼓励有条件的地区实行省级统筹。

(二)完善信息系统

整合现有信息系统,支撑城乡居民医保制度运行和功能拓展。推动城乡居民医保信息系统与定点机构信息系统、医疗救助信息系统的业务协同和信息共享,做好城乡居民医保信息系统与参与经办服务的商业保险机构信息系统必要的信息交换和数据共享。强化信息安全和患者信息隐私保护。

(三)完善支付方式

系统推进按人头付费、按病种付费、按床日付费、总额预付等多种付费方式相结合的复合支付方式改革,建立健全医保经办机构与医疗机构及药品供应商的谈判协商机制和风险分担机制,推动形成合理的医保支付标准,引导定点医疗机构规范服务行为,控制医疗费用不合理增长。

通过支持参保居民与基层医疗机构及全科医师开展签约服务、制定差别化的支付政策等措施,推进分级诊疗制度建设,逐步形成基层首诊、双向转诊、急慢分治、上下联动的就医新秩序。

(四)加强医疗服务监管

完善城乡居民医保服务监管办法,充分运用协议管理,强化对医疗服务的监控作用。各级医保经办机构要利用信息化手段,推进医保智能审核和实时监控,促进合理诊疗、合理用药。卫生计生行政部门要加强医疗服务监管,规范医疗服务行为。

五、精心组织实施，确保整合工作平稳推进

（一）加强组织领导

整合城乡居民医保制度是深化医改的一项重点任务，关系城乡居民切身利益，涉及面广、政策性强。各地各有关部门要按照全面深化改革的战略布局要求，充分认识这项工作的重要意义，加强领导，精心组织，确保整合工作平稳有序推进。各省级医改领导小组要加强统筹协调，及时研究解决整合过程中的问题。

（二）明确工作进度和责任分工

各省（区、市）要于2016年6月底前对整合城乡居民医保工作作出规划和部署，明确时间表、路线图，健全工作推进和考核评价机制，严格落实责任制，确保各项政策措施落实到位。各统筹地区要于2016年12月底前出台具体实施方案。综合医改试点省要将整合城乡居民医保作为重点改革内容，加强与医改其他工作的统筹协调，加快推进。

各地人力资源社会保障、卫生计生部门要完善相关政策措施，加强城乡居民医保制度整合前后的衔接；财政部门要完善基金财务会计制度，会同相关部门做好基金监管工作；保险监管部门要加强对参与经办服务的商业保险机构的从业资格审查、服务质量和市场行为监管；发展改革部门要将城乡居民医保制度整合纳入国民经济和社会发展规划；编制管理部门要在经办资源和管理体制整合工作中发挥职能作用；医改办要协调相关部门做好跟踪评价、经验总结和推广工作。

（三）做好宣传工作

要加强正面宣传和舆论引导，及时准确解读政策，宣传各地经验亮点，妥善回应公众关切，合理引导社会预期，努力营造城乡居民医保制度整合的良好氛围。

国务院

2016年1月3日

生育保险和职工基本医疗保险
合并实施试点方案

国务院办公厅关于印发生育保险和职工基本
医疗保险合并实施试点方案的通知
国办发〔2017〕6号

各省、自治区、直辖市人民政府，国务院各部委、各直属机构：

《生育保险和职工基本医疗保险合并实施试点方案》已经国务院同意，现印发给你们，请试点地区和各有关部门加强组织领导，认真贯彻执行。

国务院办公厅

2017年1月19日

为贯彻落实党的十八届五中全会精神和《中华人民共和国国民经济和社会发展第十三个五年规划纲要》，根据《全国人民代表大会常务委员会关于授权国务院在河北省邯郸市等12个试点城市行政区域暂时调整适用〈中华人民共和国社会保险法〉有关规定的决定》，现就做好生育保险和职工基本医疗保险（以下统称两项保险）合并实施试点工作制定以下方案。

一、总体要求

（一）指导思想

全面贯彻党的十八大和十八届三中、四中、五中、六中全会精神，深入贯彻习近平总书记系列重要讲话精神和治国理政新理念新思想新战略，认真落实党中央、国务院决策部署，统筹推进"五位一体"总体布局和协调推进"四个全面"战略布局，牢固树立和贯彻落实创新、协调、绿色、开放、共享的发展理念，遵循保留险种、保障待遇、统一管理、降低成本的总体思路，推进两项保险合并实施，通过整合两项保险基金及管理资源，强化基金共济能力，提升管理综合效能，降低管理运行成本。

（二）主要目标

2017年6月底前启动试点，试点期限为一年左右。通过先行试点探索适应我国经济发展水平、优化保险管理资源、促进两项保险合并实施的制度体系和运行机制。

二、试点地区

根据实际情况和有关工作基础，在河北省邯郸市、山西省晋中市、辽宁省沈阳市、江苏省泰州市、安徽省合肥市、山东省威海市、河南省郑州市、湖南省岳阳市、广东省珠海市、重庆市、四川省内江市、云南省昆明市开展两项保险合并实施试点。未纳入试点地区不得自行开展试点工作。

三、试点内容

（一）统一参保登记

参加职工基本医疗保险的在职职工同步参加生育保险。实施过程中要完善参保范围，结合全民参保登记计划摸清底数，促进实现应保尽保。

（二）统一基金征缴和管理

生育保险基金并入职工基本医疗保险基金，统一征缴。试点期间，可按照用人单位参加生育保险和职工基本医疗保险的缴费比例之和确定新的用人单位职工基本医疗保险费率，个人不缴纳生育保险费。同时，根据职工基本医疗保险基金支出情况和生育待遇的需求，按照收支平衡的原则，建立职工基本医疗保险费率确定和调整机制。

职工基本医疗保险基金严格执行社会保险基金财务制度，两项保险合并实施的统筹地区，不再单列生育保险基金收入，在职工基本医疗保险统筹基金待遇支出中设置生育待遇支出项目。探索建立健全基金风险预警机制,坚持基金收支运行情况公开,加强内部控制,强化基金行政监督和社会监督,确保基金安全运行。

(三)统一医疗服务管理

两项保险合并实施后实行统一定点医疗服务管理。医疗保险经办机构与定点医疗机构签订相关医疗服务协议时,要将生育医疗服务有关要求和指标增加到协议内容中,并充分利用协议管理,强化对生育医疗服务的监控。执行职工基本医疗保险、工伤保险、生育保险药品目录以及基本医疗保险诊疗项目和医疗服务设施范围。生育医疗费用原则上实行医疗保险经办机构与定点医疗机构直接结算。

(四)统一经办和信息服务

两项保险合并实施后,要统一经办管理,规范经办流程。生育保险经办管理统一由职工基本医疗保险经办机构负责,工作经费列入同级财政预算。充分利用医疗保险信息系统平台,实行信息系统一体化运行。原有生育保险医疗费结算平台可暂时保留,待条件成熟后并入医疗保险结算平台。完善统计信息系统,确保及时准确反映生育待遇享受人员、基金运行、待遇支付等方面情况。

(五)职工生育期间的生育保险待遇不变

生育保险待遇包括《中华人民共和国社会保险法》规定的生育医疗费用和生育津贴,所需资金从职工基本医疗保险基金中支付。生育津贴支付期限按照《女职工劳动保护特别规定》等法律法规定的产假期限执行。

四、保障措施

(一)加强组织领导

两项保险合并实施是党中央、国务院作出的一项重要部署,也是推动建立更加公平更可持续社会保障制度的重要内容。试点城市所在省份要高度重视,加强领导,密切配合,推动试点工作有序进行。人力资源社会保障部、财政部、国家卫生计生委要会同有关方面加强对试点地区的工作指导,及时研究解决试点中的困难和问题。试点省份和有关部门要加强沟通协调,共同推进相关工作。

(二) 精心组织实施

试点城市要高度重视两项保险合并实施工作,按照本试点方案确定的主要目标、试点措施等要求,根据当地生育保险和职工基本医疗保险参保人群差异、基金支付能力、待遇保障水平等因素进行综合分析和研究,周密设计试点实施方案,确保参保人员相关待遇不降低、基金收支平衡,保证平稳过渡。2017年6月底前各试点城市要制定试点实施方案并组织实施。

(三) 加强政策宣传

试点城市要坚持正确的舆论导向,准确解读相关政策,大力宣传两项保险合并实施的重要意义,让社会公众充分了解合并实施不会影响参保人员享受相关待遇,且有利于提高基金共济能力、减轻用人单位事务性负担、提高管理效率,为推动两项保险合并实施创造良好的社会氛围。

(四) 做好总结评估

各试点城市要及时总结经验,试点过程中发现的重要问题和有效做法请及时报送人力资源社会保障部、财政部、国家卫生计生委,为全面推开两项保险合并实施工作奠定基础。人力资源社会保障部、财政部、国家卫生计生委要对试点期间各项改革措施执行情况、实施效果、群众满意程度等内容进行全面总结评估,并向国务院报告。

关于做好进城落户农民参加基本医疗保险和关系转移接续工作的办法

关于印发《关于做好进城落户农民
参加基本医疗保险和关系转移
接续工作的办法》的通知
人社部发〔2015〕80号

各省、自治区、直辖市人力资源社会保障厅（局）、发展改革委、财政厅（局）、卫生计生委，新疆生产建设兵团人力资源社会保障局、发展改革委、财务局、卫生局：

现将《关于做好进城落户农民参加基本医疗保险和关系转移接续工作的办法》印发你们，请遵照执行。

人力资源社会保障部
国家发展和改革委员会
中华人民共和国财政部
国家卫生和计划生育委员会
2015年8月27日

健全进城落户农民参加基本医疗保险和关系转移接续政策，是落实中央全面深化改革任务的重要举措，有利于推动和统筹城乡发展，促进社会正义和谐；有利于全面提升城镇化质量，促进城镇化健康发展；有利于深入健全全民医保，促进基本医疗保障公平可及。为进一步做好进城落户农民参加基本医疗保险和流动就业人员等基本医疗保险关系转移接续工作，切实维护各类参保人员合法权益，依据《中华人民共和国社会保险法》和基本医疗保险制度有关规定，制定本办法。

一、做好进城落户农民参保工作

进城落户农民是指按照户籍管理制度规定，已将户口由农村迁入城镇的农业转移人口。各级人力资源社会保障部门要积极配合和支持相关部门，做好农业转移人口落户工作，把进城落户农民纳入城镇基本医疗保险制度体系，在农村参加的基本医疗保险规范接入城镇基本医疗保险，确保基本医保待遇连续享受。

进城落户农民根据自身实际参加相应的城镇基本医疗保险。在城镇单位就业并有稳定劳动关系的，按规定随所在单位参加职工基本医疗保险（以下简称职工医保）；以非全日制、临时性工作等灵活形式就业的，可以灵活就业人员身份按规定参加就业地职工医保，也可以选择参加户籍所在地城镇（城乡）居民基本医疗保险（以下简称居民医保）。其他进城落户农民可按规定在落户地参加居民医保，执行当地统一政策。对参加居民医保的进城落户农民按规定给予参保补助，个人按规定缴费。

已参加新型农村合作医疗（以下简称新农合）或居民医保的进城落户农民，实现就业并参加职工医保的，不再享受原参保地新农合或居民医保待遇。要进一步完善相关政策衔接措施，引导进城落户农民及时参保，同时避免重复参保。

二、规范医保关系转移接续手续

进城落户农民和流动就业人员等参加转入地基本医疗保险后，转入地社会（医疗）保险经办机构应依据参保人申请，通知转出地经办机构办理医保关系转移手续，确保管理服务顺畅衔接，避免待遇重复享受。

转出地社会（医疗）保险或新农合经办机构应在参保人办理中止参保（合）手续时为其开具参保（合）凭证。参保（合）凭证是参保人员的重要权益记录，由参保人妥善保管，用于转入地受理医保关系转移申请时，核实参保人身份和转出地社会（医疗）保险经办机构记录的相关信息。

三、妥善处理医保关系转移接续中的有关权益

进城落户农民和流动就业人员等办理基本医疗保险关系转移接续前后,基本医疗保险参保缴费中断不超过3个月且补缴中断期间医疗保险费的,不受待遇享受等待期限制,按参保地规定继续参保缴费并享受相应的待遇。

进城落户农民在农村参加新农合等基本医疗保险的参保缴费和权益享受信息等连续记入新参保地业务档案,保证参保记录的完整性和连续性。流动就业人员参加职工医保的缴费年限各地互认,参保人在转出地职工医保记录的缴费年限累计计入转入地职工医保缴费年限记录。

参保人转移基本医疗保险关系时,建立个人账户的,个人账户随本人基本医疗保险关系一同转移。个人账户资金原则上通过经办机构进行划转。

四、做好医保关系转移接续管理服务工作

进一步规范医保关系转移接续业务经办程序。逐步统一各类人员参加基本医疗保险的标识。积极探索推行网上经办、自助服务、手机查询等经办服务模式,引导和帮助用人单位和个人依规主动更新参保信息。加强经办服务管理平台建设,完善和推广社会保险(医疗保险)关系转移接续信息系统,推进标准化建设和数据信息跨地区、跨部门共享,确保跨地区、跨制度参保信息互认和顺畅传递。

社会(医疗)保险经办机构和新农合经办机构要加强沟通协作,进一步做好基本医疗保险关系转移接续管理服务工作。

五、落实组织实施工作

各地人力资源社会保障部门要结合本地区实际,以进城落户农民为重点,做好参保和关系转移接续工作,细化完善政策措施,优化管理服务流程。卫生计生部门要做好进城落户农民医保关系转移接续经办服务工作。财政部门要继续做好居民医保和新农合财政补

助工作，确保资金及时足额到位。发展改革部门要积极支持配合相关部门，将进城落户农民在农村参加的社会保险规范接入城镇社保体系，支持社保经办平台建设。各相关部门加强统筹协调，做好政策衔接，确保基本医疗保险参保人跨制度、跨地区流动时能够连续参保。

本办法从 2016 年 1 月 1 日起执行。《流动就业人员基本医疗保障关系转移接续暂行办法》（人社部发〔2009〕191 号）与本办法不符的，按本办法执行。

关于进一步做好基本医疗保险异地
就医医疗费用结算工作的指导意见

人社部发〔2014〕93号

各省、自治区、直辖市及新疆生产建设兵团人力资源社会保障厅（局）、财政（财务）厅（局）、卫生计生委：

2009年《关于基本医疗保险异地就医结算服务工作的意见》（人社部发〔2009〕190号）印发以来，各地积极探索推进异地就医结算工作，为参保群众提供便捷服务。目前，在全国范围内，基本医疗保险市级统筹基本实现，大多数省份建立了省内异地就医结算平台并开展了直接结算，一些地区还进行了"点对点"跨省结算的尝试。但此项工作与群众期盼还存在差距，异地就医结算手续依然比较复杂，异地医疗服务监管尚不到位。根据党的十八届三中全会决定精神，现就进一步做好基本医疗保险异地就医医疗费用结算（以下简称异地就医结算）工作，提升基本医疗保险管理服务水平，提出以下意见：

一、进一步明确推进异地就医结算工作的目标任务

（一）总体思路

完善市（地）级（以下简称市级）统筹，规范省（自治区、直辖市，以下简称省）内异地就医结算，推进跨省异地就医结算，着眼城乡统筹，以异地安置退休人员和异地住院费用为重点，依托社会保险信息系统，分层次推进异地就医结算服务。要根据分级诊疗的要求，做好异地转诊病人的医疗费用结算管理。要不断提高医疗保险管理服务水平，完善医疗服务监控机制，在方便参保人员异地就医结算的同时，严防欺诈骗保行为，维护广大参保人合法权益。

（二）近期目标

2014年，在现有工作基础上，完善基本医疗保险市级统筹，基

本实现市级统筹区内就医直接结算,规范和建立省级异地就医结算平台;2015年,基本实现省内异地住院费用直接结算,建立国家级异地就医结算平台;2016年,全面实现跨省异地安置退休人员住院医疗费用直接结算。有条件的地区可以加快工作节奏,积极推进。

二、完善市级统筹,实现市域范围内就医直接结算

以全面实现市域范围内医疗费用直接结算为目标,推进和完善基本医疗保险市级统筹。首先做到基本医疗保险基金预算和筹资待遇政策、就医管理的统一和信息系统的一体化衔接,逐步提升基本医疗保险服务便利性。实现城乡基本医疗保险制度整合的地区,要同步推动城乡居民医保实现市级统筹。

已经实行市级统筹的地区要进一步提高市级统筹质量。采取统收统支模式的,要明确地市和区县级社会保险经办机构(以下简称经办机构)职责,落实分级管理责任;采取调剂金模式的,要规范调剂金的收取和调剂管理办法,以逐步实现制度政策、基金管理、就医结算、经办服务、信息系统方面的统一。有条件的地方要加快推进省级统筹。

三、规范省内异地就医直接结算

各省要按照国家统一规范,建立完善省级异地就医结算平台,支持省内统筹地区之间就医人员信息、医疗服务数据以及费用结算数据等信息的交换,并通过平台开展省内异地就医直接结算工作。

各省人力资源社会保障部门要加强对各统筹地区医疗保险政策的指导,按照国家要求建立统一的药品目录、诊疗项目和医疗服务设施信息标准库,完善与异地就医相关的结算办法和经办流程。要完善定点医疗机构管理,建立并维护支持异地就医直接结算的定点医疗机构数据库。定点医疗机构名单应向社会公布。

异地就医人员的医疗保险待遇执行参保地政策。各统筹地区要建立规范的异地就医报送办法。符合条件的参保人员经同意异地就医后,参保地经办机构应将人员信息通过省级平台传送给就医地经办机构。就医地经办机构负责为异地就医人员提供经办服务,对相

关医疗服务行为进行监管,并将相关信息及时如实传送给参保地经办机构。

四、完善跨省异地就医人员政策

加强跨省异地就医的顶层设计,统筹考虑各类跨省异地就医人员需求,逐步推进跨省异地就医直接结算。当前重点解决跨省异地安置退休人员的住院费用,有条件的地方可以在总结经验的基础上,结合本地户籍和居住证制度改革,探索将其他长期跨省异地居住人员纳入住院医疗费用直接结算范围。

跨省异地安置退休人员是指离开参保统筹地区长期跨省异地居住,并根据户籍管理规定已取得居住地户籍的参保退休人员。这部分人员可自愿向参保地经办机构提出异地医疗费用直接结算申请,经审核同意并由居住地经办机构登记备案后,其住院医疗费用可以在居住地实行直接结算。

跨省异地安置退休人员在居住地发生的住院医疗费用,原则上执行居住地规定的支付范围(包括药品目录、诊疗项目和医疗服务设施标准)。医疗保险统筹基金的起付标准、支付比例和支付限额原则上执行参保地规定的本地就医时的标准,不按照转外就医支付比例执行。经本人申请,可以将个人账户资金划转给个人,供门诊就医、购药时使用。

五、做好异地就医人员管理服务

各统筹地区经办机构应当根据跨省异地安置退休人员、异地转诊人员、异地急诊人员等不同人群的特点,落实管理责任,加强医疗服务监管,做好服务。

对经登记备案的跨省异地安置退休人员,居住地的经办机构应一视同仁地将其纳入管理,在定点医疗机构和零售药店确定、医疗信息记录、医疗行为监控等方面提供与本地参保人相同的服务和管理。跨省异地安置退休人员发生的应由统筹基金支付的住院医疗费用,通过各省级异地就医结算平台实行跨省直接结算。

对于异地转诊的参保人员,经办机构要适应分级诊疗模式和转诊转院制度，建立参保地与就医地之间的协作机制，引导形成合理的就医秩序。就医地经办机构应协助参保地经办机构进行医疗票据核查等工作，保证费用的真实性，防范和打击伪造医疗票据和文书等欺诈行为。

对于异地急诊的参保人员，原则上在参保地按规定进行报销；需要通过医疗机构对费用真实性进行核查的，就医地经办机构应予以协助。

参保人员异地就医费用按规定实行直接结算的，应由医疗保险基金支付的部分，原则上先由就医地医疗保险基金垫付，再由参保地经办机构与就医地经办机构按月结算。

对异地就医造成的就医地经办机构增加的必要工作经费，由就医地经办机构同级财政统筹安排。鼓励各地探索委托商业保险机构经办等购买服务的方式，提高异地就医结算管理和服务水平。

六、大力提升异地就医信息化管理水平

按照国家电子政务建设和信息惠民工程建设的要求，着力推进社会保险业务信息管理系统省级集中，建立完善中央和省级异地就医费用结算平台，统一信息系统接口、操作流程、数据库标准和信息传输规则，推进《社会保险药品分类与代码》等技术标准的应用。通过省级异地就医结算平台或省级集中社会保险业务管理系统，支持省内统筹地区之间的异地就医结算数据传输和问题协调。国家级异地就医结算平台与各省级异地就医平台对接，逐步通过平台实现跨省异地就医数据交换等功能。

七、加强组织落实

各级人力资源社会保障部门负责异地就医结算的统筹协调工作。各省人力资源社会保障部门要按照国家统一要求，协调省内有关部门制定本省份推进异地就医结算的工作计划，要加强与其他省份的沟通，积极推进跨省异地就医结算工作。统筹地区人力资源社会保障部门要树立全局观念，积极为来本地就医的参保人员提供医疗保险管理服务。有条件的省要统筹考虑生育保险、工伤保险等其他涉及医疗服务的社会保险，制定统一的社会保险异地就医管理办法。

财政部门要结合异地就医结算工作的开展，完善有关会计核算办法，会同有关部门完善社会保险基金财务制度。根据经办机构用款计划，及时足额划拨异地就医结算资金。加大资金支持力度，确保异地就医工作经费的落实。

卫生计生部门要会同有关部门，研究制定分级诊疗办法，建立健全转诊转院制度，引导形成合理的就医流向。要加大监管力度，规范医疗行为，促进合理规范诊疗。

医疗保险异地就医费用结算工作是健全全民医保体系的重要任务之一，事关人民群众切身利益。各有关部门要高度重视，加强配合，密切协作，确保工作落到实处，同时注意全面准确地做好宣传工作，合理引导社会预期。各地在工作中遇有重要情况要及时报告，有关部门要加强专项督查，推动工作进展。

本意见适用于人力资源社会保障部门负责的基本医疗保险。

人力资源和社会保障部
中华人民共和国财政部
国家卫生和计划生育委员会
2014年11月18日

人力资源社会保障部办公厅关于进一步加强基本医疗保险异地就医监管的通知

人社厅函〔2016〕488号

各省、自治区、直辖市及新疆生产建设兵团人力资源社会保障厅（局），福建省医保办：

近年来，全民医保体系不断健全，保障水平稳步提高，对于推进健康中国建设，保障和改善民生，维护社会公平正义，促进社会和谐稳定发挥了重要作用。但是，随着城乡居民基本医疗保险制度整合，人员流动性不断增强，确保基金安全尤为重要。为进一步加强基本医疗保险异地就医监管，更好地维护基金安全和参保人员合法权益，保障制度平稳有序运行，现就有关问题通知如下：

一、完善和落实异地就医管理制度及经办流程

各地要按照基本医疗保险相关法律法规和规章政策，结合医保基金专项审计和专项检查等反映的突出问题以及管理中存在的薄弱环节，不断健全医保异地就医管理制度，完善异地就医结算办法和经办流程。经办机构要完善内控制度，强化内部监督和制约，严格执行费用结算审核制度、流程和标准，以异地就医费用结算为审核重点加大监控力度。参保地经办机构要按照规定做好参保人员异地就医登记备案工作，引导参保人员合理有序就医。就医地经办机构要将异地就医人员纳入本地统一管理，进一步完善医疗保险智能监控系统，将异地就医费用纳入就医地监控范围。对于已实现城乡居民基本医疗保险制度整合地区，要按照城乡一体化的要求，统一和规范经办业务流程，加强基层经办审核能力建设，从源头上防范和控制各类违法违规使用医疗保险基金的行为，切实提高基金的使用效能。

二、大力推进异地就医直接结算

加快推进基本医保全国联网和异地就医结算工作，建立完善国

家级异地就医结算系统,与各省异地就医结算系统实现对接,基本实现跨省异地安置退休人员住院费用直接结算。不断扩大纳入国家异地就医直接结算人群范围,逐步减少个人垫资和事后报销方式,从根本上遏制不法分子采用虚假票据骗取医保基金的违规行为。

三、进一步加强医疗机构协议管理

各统筹地区经办机构要将异地就医纳入医疗机构协议管理,纳入对医疗机构的考核指标,细化和完善协议条款,明确在医疗机构确定、医疗信息记录、医疗行为监控、医疗费用审核和稽核等方面提供与本地参保人员相同的服务和管理,保障异地就医人员权益。要指导和督促医疗机构按照协议要求,及时向经办机构传输参保人员就医、结算及其他相关信息,确保信息真实准确,不得篡改作假。

四、加快健全异地协作协查机制

参保地与就医地经办机构要积极建立健全异地就医经办管理协作机制,协同做好参保人员异地就医经办管理服务工作。就医地社会保险行政部门及经办机构要进一步明确和落实协查责任,主动支持配合参保地社会保险行政部门和经办机构开展异地就医核查或者案件调查,并督促相关医疗机构协助配合,共同做好医保违法违规违约行为查处工作。为加强对暂未实现异地就医直接结算人群的医疗服务监管,以异地就医人员持票据报销为核查重点,通过信息化手段,支持就医地和参保地定期交换就医费用信息,对异地就医费用进行核查。

五、加大各方联动打击医保违法违规行为力度

社会保险行政部门和经办机构要采取多种形式加强医保监督,依法依规依约查处发现的违法违规违约行为。对于违反协议规定的医疗机构和医务人员,经办机构要按照协议约定,根据违约情节轻重,采取约谈、拒付费用、暂停结算限期整改和终止协议等措施,并及时向社会保险行政部门报告。对于违法违规行为,社会保险行政部门和经办机构要在查清事实的基础上,依法依规作出行政处理

处罚决定。对于涉嫌犯罪的，要依法依规及时移送公安机关，不得以行政处理处罚代替刑事处罚，坚决打击和遏制欺诈骗保等违法犯罪行为。各级社会保险行政部门要加快与公安机关建立联席会议制度，加强案情通报和信息共享，健全基金监督行政执法与刑事司法有效衔接机制，增强震慑力和强制力。要建立健全与审计、财政、卫生计生、药监、价格等部门执法协作机制，协调配合，形成合力。要加强宣传教育，适时公布查处的重大医保违法违规案件，发挥警示教育作用，引导参保人员、医疗机构及医务人员自觉遵守医保法律法规，鼓励支持社会各方面积极参与医保监督，共同维护基金安全。

各地要高度重视加强基本医疗保险异地就医监管工作，社会保险行政部门和信息综合管理机构、经办机构要健全内部协作机制，密切配合，分工协作，确保工作落到实处，取得实效。各地在工作中遇有重要情况要及时报告，并认真研究，妥善解决，保证工作顺利推进。

人力资源社会保障部办公厅
2016 年 12 月 19 日

全国社会保障基金条例

中华人民共和国国务院令

第 667 号

《全国社会保障基金条例》已经2016年2月3日国务院第122次常务会议通过，现予公布，自2016年5月1日起施行。

总理　李克强
2016年3月10日

第一章　总　则

第一条　为了规范全国社会保障基金的管理运营，加强对全国社会保障基金的监督，在保证安全的前提下实现保值增值，根据《中华人民共和国社会保险法》，制定本条例。

第二条　国家设立全国社会保障基金。

全国社会保障基金由中央财政预算拨款、国有资本划转、基金投资收益和以国务院批准的其他方式筹集的资金构成。

第三条　全国社会保障基金是国家社会保障储备基金，用于人口老龄化高峰时期的养老保险等社会保障支出的补充、调剂。

第四条　国家根据人口老龄化趋势和经济社会发展状况，确定和调整全国社会保障基金规模。

全国社会保障基金的筹集和使用方案，由国务院确定。

第五条　国务院财政部门、国务院社会保险行政部门负责拟订全国社会保障基金的管理运营办法，报国务院批准后施行。

全国社会保障基金理事会负责全国社会保障基金的管理运营。

第二章　全国社会保障基金的管理运营

第六条　全国社会保障基金理事会应当审慎、稳健管理运营全国社会保障基金，按照国务院批准的比例在境内外市场投资运营全国社会保障基金。

全国社会保障基金理事会投资运营全国社会保障基金，应当坚持安全性、收益性和长期性原则，在国务院批准的固定收益类、股票类和未上市股权类等资产种类及其比例幅度内合理配置资产。

第七条　全国社会保障基金理事会制定全国社会保障基金的资产配置计划、确定重大投资项目，应当进行风险评估，并集体讨论决定。

全国社会保障基金理事会应当制定风险管理和内部控制办法，在管理运营的各个环节对风险进行识别、衡量、评估、监测和应对，有效防范和控制风险。风险管理和内部控制办法应当报国务院财政部门、国务院社会保险行政部门备案。

全国社会保障基金理事会应当依法制定会计核算办法，并报国务院财政部门审核批准。

第八条　全国社会保障基金理事会应当定期向国务院财政部门、国务院社会保险行政部门报告全国社会保障基金管理运营情况，提交财务会计报告。

第九条　全国社会保障基金理事会可以将全国社会保障基金委

托投资或者以国务院批准的其他方式投资。

第十条 全国社会保障基金理事会将全国社会保障基金委托投资的,应当选择符合法定条件的专业投资管理机构、专业托管机构分别担任全国社会保障基金投资管理人、托管人。

全国社会保障基金理事会应当按照公开、公平、公正的原则选聘投资管理人、托管人,发布选聘信息、组织专家评审、集体讨论决定并公布选聘结果。

全国社会保障基金理事会应当制定投资管理人、托管人选聘办法,并报国务院财政部门、国务院社会保险行政部门备案。

第十一条 全国社会保障基金理事会应当与聘任的投资管理人、托管人分别签订委托投资合同、托管合同,并报国务院财政部门、国务院社会保险行政部门、国务院外汇管理部门、国务院证券监督管理机构、国务院银行业监督管理机构备案。

第十二条 全国社会保障基金理事会应当制定投资管理人、托管人考评办法,根据考评办法对投资管理人投资、托管人保管全国社会保障基金的情况进行考评。考评结果作为是否继续聘任的依据。

第十三条 全国社会保障基金投资管理人履行下列职责:

(一)运用全国社会保障基金进行投资;

(二)按照规定提取全国社会保障基金投资管理风险准备金;

(三)向全国社会保障基金理事会报告投资情况;

(四)法律、行政法规和国务院有关部门规章规定的其他职责。

第十四条 全国社会保障基金托管人履行下列职责:

(一)安全保管全国社会保障基金财产;

(二)按照托管合同的约定,根据全国社会保障基金投资管理人的投资指令,及时办理清算、交割事宜;

(三)按照规定和托管合同的约定,监督全国社会保障基金投资管理人的投资;

(四)执行全国社会保障基金理事会的指令,并报告托管情况;

（五）法律、行政法规和国务院有关部门规章规定的其他职责。

第十五条　全国社会保障基金财产应当独立于全国社会保障基金理事会、投资管理人、托管人的固有财产，独立于投资管理人投资和托管人保管的其他财产。

第十六条　全国社会保障基金投资管理人、托管人不得有下列行为：

（一）将全国社会保障基金财产混同于其他财产投资、保管；

（二）泄露因职务便利获取的全国社会保障基金未公开的信息，利用该信息从事或者明示、暗示他人从事相关交易活动；

（三）法律、行政法规和国务院有关部门规章禁止的其他行为。

第十七条　全国社会保障基金按照国家规定享受税收优惠。

第三章　全国社会保障基金的监督

第十八条　国家建立健全全国社会保障基金监督制度。

任何单位和个人不得侵占、挪用或者违规投资运营全国社会保障基金。

第十九条　国务院财政部门、国务院社会保险行政部门按照各自职责对全国社会保障基金的收支、管理和投资运营情况实施监督；发现存在问题的，应当依法处理；不属于本部门职责范围的，应当依法移送国务院外汇管理部门、国务院证券监督管理机构、国务院银行业监督管理机构等有关部门处理。

第二十条　国务院外汇管理部门、国务院证券监督管理机构、国务院银行业监督管理机构按照各自职责对投资管理人投资、托管人保管全国社会保障基金情况实施监督；发现违法违规行为的，应当依法处理，并及时通知国务院财政部门、国务院社会保险行政部门。

第二十一条　对全国社会保障基金境外投资管理人、托管人的监督，由国务院证券监督管理机构、国务院银行业监督管理机构按照与投资管理人、托管人所在国家或者地区有关监督管理机构签署的合作文件的规定执行。

第二十二条 审计署应当对全国社会保障基金每年至少进行一次审计。审计结果应当向社会公布。

第二十三条 全国社会保障基金理事会应当通过公开招标的方式选聘会计师事务所，对全国社会保障基金进行审计。

第二十四条 全国社会保障基金理事会应当通过其官方网站、全国范围内发行的报纸每年向社会公布全国社会保障基金的收支、管理和投资运营情况，接受社会监督。

第四章　法律责任

第二十五条 全国社会保障基金境内投资管理人、托管人违反本条例第十六条、第十八条第二款规定的，由国务院证券监督管理机构、国务院银行业监督管理机构责令改正，没收违法所得，并处违法所得1倍以上5倍以下罚款；没有违法所得或者违法所得不足100万元的，并处10万元以上100万元以下罚款；对直接负责的主管人员和其他直接责任人员给予警告，暂停或者撤销有关从业资格，并处3万元以上30万元以下罚款；构成犯罪的，依法追究刑事责任。

第二十六条 全国社会保障基金理事会违反本条例规定的，由国务院财政部门、国务院社会保险行政部门责令改正；对直接负责的主管人员和其他直接责任人员依法给予处分；构成犯罪的，依法追究刑事责任。

第二十七条 国家工作人员在全国社会保障基金管理运营、监督工作中滥用职权、玩忽职守、徇私舞弊的，依法给予处分；构成犯罪的，依法追究刑事责任。

第二十八条 违反本条例规定，给全国社会保障基金造成损失的，依法承担赔偿责任。

第五章　附　则

第二十九条　经国务院批准，全国社会保障基金理事会可以接受省级人民政府的委托管理运营社会保险基金；受托管理运营社会保险基金，按照国务院有关社会保险基金投资管理的规定执行。

第三十条　本条例自 2016 年 5 月 1 日起施行。

附 录

人力资源社会保障部关于加强和改进
人力资源社会保障领域公共服务的意见

人社部发〔2016〕44号

各省、自治区、直辖市及新疆生产建设兵团人力资源社会保障厅（局），部属各单位，外专局、公务员局：

　　人力资源社会保障工作全部涉及到人，大部分涉及民生，关系群众切身利益，是政府公共服务的重要内容。近年来，各级人力资源社会保障部门大力推进基层劳动就业和社会保障服务平台建设，在创新和改进公共服务方面积极探索，取得了明显成效。但是也要看到，与人民群众的期望相比，与简政放权、放管结合、优化服务的要求相比，人力资源社会保障领域公共服务仍有不小差距。按照国务院办公厅关于简化优化公共服务流程方便基层群众办事创业的有关部署和要求，为进一步加强和改进人力资源社会保障领域公共服务，现提出如下意见：

　　一、总体要求和基本原则
　　（一）总体要求
　　全面贯彻落实党的十八大和十八届二中、三中、四中、五中全会精神，按照国务院关于简政放权、放管结合、优化服务协同推进的部署，梳理规范人力资源社会保障领域面向群众的公共服务事项，坚决砍掉各类无谓的证明和繁琐的手续，简化优化公共服务流程，创新改进公共服务方式，加快推进公共服务信息化建设和服务平台建设，不断提升公共服务水平和群众满意度。

(二) 基本原则

1. 便民利民原则。简化办事环节和手续，优化公共服务流程，明确标准和时限，强化服务意识，丰富服务内容，拓展服务渠道，创新服务方式，提高服务质量，让群众办事更方便、创业更顺畅。

2. 依法依规原则。严格遵循法律法规，善于运用法治思维法治方式，规范公共服务事项办理程序，限制自由裁量权，维护群众合法权益，推进公共服务制度化、规范化。

3. 公开透明原则。全面公开公共服务事项，实现办事全过程公开透明、可追溯、可核查，切实保障群众的知情权、参与权和监督权。

4. 开放共享原则。加快推进"互联网+人社"行动计划，运用大数据等现代信息技术，强化部门协同联动，打破信息孤岛，推动信息互联互通、开放共享，提升公共服务整体效能。

二、全面梳理和公开公共服务事项目录

各级人力资源社会保障部门要根据法律法规规定，结合编制权力清单、责任清单以及规范行政审批行为等相关工作，对公共服务事项进行全面梳理，重点梳理劳动就业、社会保险等与群众日常生产生活密切相关的基本公共服务事项，列出具体服务事项目录并实行动态调整。所有面向群众的基本公共服务事项都要逐项编制办事指南，列明服务对象、办理依据、受理单位、办理地点、基本流程、申请材料、示范文本、收费依据及标准、办理时限、咨询方式、监督投诉方式等内容，细化到每个环节，并提供表格下载。其他公共服务事项参照基本公共服务事项进行梳理，逐步规范。公共服务事项目录和办事指南等须通过政府网站、12333咨询服务热线、宣传手册等形式向社会公开。

三、大力简化证明材料和手续

各级人力资源社会保障部门要对办理公共服务事项所需证明材料和手续进行全面清理，凡没有法律法规或规章依据的证明和盖章环节原则上予以取消；确需申请人提供的证明材料，要严格论证，听取各方面意见，并作出明确规定，必要时履行公开听证程序；可通过部门内部、系统内部或与其他部门信息共享获取相关信息的，不要求申请人提供证明材料；可通过社会保障卡获取基础信息的，不要求申请人提供相关证明或填写有关表格；探索"告知+承诺"办理模式，由办事部门告知申请人应当符合的条件和虚假承诺应负的责任，申请人知晓条件要求并书面承诺符合相关条件要求、承诺承担违约责任后，办事部门先予以受理，提高办事效率。同时，加强事中事后核查与监管，制定严格明细的核查和监管规则。重点做好以下工作：

（一）实行流动人员人事档案接收告知承诺制。公共就业和人才服务机构接收流动人员人事档案时，对缺少关键材料的，一次性告知所缺材料及其可能造成的影响，经本人作出书面知情说明、承诺进一步补充材料后予以接收，或与原工作单位协商退回补充材料。

（二）公共就业和人才服务机构不再对初次就业流动人员办理转正定级手续。机关事业单位和国有企业招考、聘用、招用流动人员时，可参考档案中的劳动合同等材料及就业登记、社会保险缴费记录认定参加工作时间和工作年限。

（三）对非本地户籍人员按规定申请参加职工社会保险的，不要求申请人提供在原籍或其他地区参加社会保险情况证明。

（四）逐步取消异地就医时定点医疗机构盖章手续。

（五）取消失业人员失业前所在单位将失业人员名单自终止或者解除劳动关系之日起7日内报受理其失业保险业务的经办机构备案手续。

（六）对已办理"三证合一"工商营业执照的参保单位，在申请办理社会保险登记证申领、变更、注销、验证等业务时，不再需要提供税务登记证和组织机构代码证。

（七）在组织公务员考录、事业单位公开招聘、职称评定等工作过程中，对当事人已出具国家承认的学历证书原件的，不要求提供第三方学历认证证明。

（八）改进留学回国人员、回国（来华）定居专家安置服务，有国外学历学位认证人员不用再提交留学回国人员证明。

四、规范和简化公共服务流程

各级人力资源社会保障部门要严格落实国家对人力资源社会保障基本公共服务事项的统一要求，规范服务行为，精简办事程序。重点做好以下工作：

（一）严格落实就业失业登记管理办法，在省级行政区域内实施统一的就业失业登记经办流程和标准规范，对符合条件的失业人员及时办理失业登记，不得以人户分离、户籍不在本地或没有档案等为由不予受理。积极推动社会保障卡加载就业失业登记信息电子记录。

（二）严格落实取消收取人事关系及档案保管费的规定，不得将参加社会保险、职称评审等业务与档案保管相挂钩，杜绝以档案为载体的捆绑收费、隐形收费行为。

（三）加快推进基本医疗保险异地就医直接结算，2016年基本实现跨省异地安置退休人员住院费用直接结算，2017年基本实现符合转诊规定的参保人员异地就医住院费用直接结算。

（四）取消基本医疗保险定点医疗机构和定点药店的行政审批，完善对定点医疗机构和定点药店的服务协议管理，建立分级管理制度。

（五）取消社会保险登记证换证周期规定，依参保单位需求随时办理，完善和简化社会保险登记证年检方式。

（六）简化社会保障卡办理流程，缩短申领、补换周期。

（七）实行国家职业资格目录清单管理制度，完善职业资格考试和职业技能鉴定制度，着力解决"挂证"、"助考"、"考培挂钩"等问题。

（八）健全职业资格证书管理办法，缩短证书办理时间。

（九）加强基层劳动人事争议调解工作规范化建设，完善调解工作机制，优化仲裁办案程序，完善立案、庭审、送达等环节的制度规范，在有条件的劳动人事争议仲裁机构开设法律援助窗口，畅通劳动者和用人单位权益救济渠道。

（十）建立完善劳动保障监察举报投诉案件省级联动处理机制，省级行政区域内各级劳动保障监察机构接收的举报投诉和主动巡查发现的案件信息全部通过劳动保障监察管理信息系统进行统一登记、录入、流转和办理，实现"一点举报投诉，区域联动处理"。

五、探索创新公共服务方式

在综合服务机构推行"一站式"服务，逐步将分设的专业窗口整合为综合窗口，变"多头受理"为"一口受理"。加强公共服务信息化建设，积极推行网上预审、自助办理、同城通办、委托代办等服务。建立并畅通公共服务"绿色通道"，积极推行预约服务、上门服务、应急服务等便民措施。面向大型企业、学校、乡镇、社区等服务对象聚集区主动开展延伸服务，提升公共服务的可及性和便捷性。重点做好以下工作：

（一）推进社会保险服务"五险统一经办"，暂不具备条件的地方首先要在参保登记、缴费、稽核等业务环节实现统一经办。大力推进"综合柜员制"，方便参保对象。

（二）推进"电子社保"建设，全面推行社会保险个人权益记录网络查询和自助打印服务。

（三）推进人事档案信息化建设，启动全国流动人员人事档案基础信息库建设工作，逐步实现档案基础信息异地查询。

六、推进信息共享和业务协同

加快人力资源社会保障信息系统省级集中，实现系统的集中部署和有机融合、数据的向上归集和高效整合。积极推进公共服务事项的数据开放、信息共享、校验核对，促进公共服务业务协同，从源头上避免各类"奇葩证明"、"循环证明"等现象。重点做好以下工作：

（一）加强异地业务系统建设

有效提升社会保险关系转移接续、异地就医结算、异地领取待遇资格认证等异地业务的经办效率，进一步方便参保人就近办事，避免"垫资"、"跑腿"情况出现。

（二）加快基础信息库建设

2017年完成部、省两级社会保障卡持卡人员基础信息库建设，实现基础信息的统一管理和联动共享。

（三）推进社会保障卡应用

2017年实现社会保障卡跨地区、跨业务直接办理个人的各项人力资源和社会保障事务，开放向其他公共服务领域的集成应用，基本实现全国社会保障一卡通。2020年实现持卡人口覆盖率达到90%。

（四）强化业务协同

2020年实现同一省级辖区内人力资源和社会保障工作服务对象就业失业登记、社会保险登记、劳动用工备案三项业务"信息一点登记、业务协同办理、数据全域共享"。

七、加强公共服务平台建设

根据各类公共服务事项特点和群众办事需求，逐步构建实体大厅、网上平台、移动客户端、自助终端、12333咨询服务电话等多种形式相结合、相衔接的公共服务平台，为群众提供方便快捷的多样化服务。加大简政放权力度，将具备下放条件的公共服务事项全部下放到基层公共服务平台，方便群众就近就地办理。重点做好以下工作：

（一）大力推进人力资源和社会保障公共服务设施建设，确保"十三五"期末实现县级服务设施全覆盖，乡镇（街道）、社区（行政村）设施服务能力进一步提升，为公共服务事项向基层下沉提供有力支撑。

（二）加强网上办事平台建设，建立统一的公共服务信息平台，统一网上服务入口，强化信息安全管理，实现全业务、多渠道的标准化服务。凡具备网上办理条件的事项，都要推广实现网上受理、网上办理、网上反馈，实现办理进度和办理结果网上实时查询。

（三）全面加强12333电话咨询服务工作，加快实体化机构建设，拓展服务功能和服务范围，强化12333短信服务和掌上12333移动应用，形成覆盖全国的12333电话咨询服务体系。

八、加强公共服务制度建设和作风建设

各级人力资源社会保障部门和公共服务机构要践行"三严三实"要求，建立健全管理制度和服务规则，完善落实纪律要求和行为规范，不断提升公共服务的制度化、规范化、科学化水平。加强对公共服务机构工作人员的教育培训，把业务经办、作风养成、礼仪规范等作为培训重点，不断提高一线工作人员工作能力、工作作风和服务质量。加强对公共服务项目的经费、设备、技术、人才保障，为公共服务提供有力支撑。完善公共服务监督管理机制和社会评价机制，畅通群众投诉举报渠道，主动接受社会监督，及时解决群众反映的问题。

九、加强组织领导

各级人力资源社会保障部门要把加强和改进公共服务方便群众办事创业工作摆在更加突出的位置，主要负责同志要亲自研究部署，加强统筹协调和督促落实，及时解决工作中遇到的困难和问题。各地人力资源社会保障厅（局）要结合实际，依照本意见制定具体实施方案，细化任务措施，明确责任分工和完成时限，落实规定动作，鼓励多做"加法"。要坚持立行立改，改进措施成熟一个、推出一个、实施一个，同步向社会公开。要及时总结各地加强和改进公共服务的经验做法，加大宣传力度，营造为民服务的良好氛围。

人力资源社会保障部
2016年5月6日

人力资源社会保障领域基本公共服务事项参考目录

人社部发〔2016〕44号

一、劳动就业基本公共服务项目
1. 基本公共就业服务
2. 创业服务
3. 就业援助
4. 就业见习服务
5. 大中城市联合招聘服务
6. 流动人员人事档案管理服务
7. 职业技能培训和技能鉴定
8. 农民工培训
9. 12333电话咨询服务
10. 劳动关系协调
11. 劳动保障监察
12. 劳动人事争议调解仲裁

二、社会保险基本公共服务项目
13. 职工基本养老保险
14. 居民基本养老保险
15. 职工基本医保
16. 居民基本医保
17. 失业保险
18. 工伤保险
19. 生育保险

人力资源社会保障部办公厅、总后勤部财务部关于军人退役参加机关事业单位养老保险有关问题的通知

人社厅函〔2015〕369号

各省、自治区、直辖市及新疆生产建设兵团人力资源社会保障厅（局），各军区联勤部、各军兵种后勤部财务部，军事科学院院务部财务供应部，国防大学、国防科学技术大学校务部财务部（处），总后所属直供单位，武警部队后勤部财务部：

为贯彻落实人力资源社会保障部、财政部、总参谋部、总政治部、总后勤部《关于军人退役基本养老保险关系转移接续有关问题的通知》（后财〔2015〕1726号）和《关于军人职业年金转移接续有关问题的通知》（后财〔2015〕1727号），做好安置到机关事业单位工作的退役军人基本养老保险和职业年金转移接续工作，现将有关问题通知如下：

一、2014年10月1日以后下达退役命令，2014年10月1日至2015年10月31日期间已经离队的退役军人，由原军队所在单位财务部门填制《军人退役基本养老保险参保缴费凭证》《军人退役基本养老保险关系转移接续信息表》和《军人职业年金缴费凭证》（以下简称"转移凭证"）一式三份，一份存档，两份邮寄给本人，并将按规定标准计算的军人退役基本养老保险补助和军人职业年金补助汇给本人。退役军人收到转移凭证和补助资金后，将其中一份转移凭证交给安置单位，待所在地机关事业单位养老保险经办启动后，由安置单位按规定申请办理军人退役基本养老保险和军人职业年金转移接续手续。

二、2014年10月1日以后下达退役命令，2015年11月1日至2016年12月31日期间离队的退役军人，由军队所在单位财务部门

填制军人退役养老保险转移凭证一式三份，一份存档，两份交给本人，并将按规定标准计算的军人退役基本养老保险补助和军人职业年金补助发给本人。退役军人到安置单位报到后，将其中一份转移凭证交给安置单位，待所在地机关事业单位养老保险经办启动后，由安置单位按规定申请办理军人退役基本养老保险和军人职业年金转移接续手续。

三、2014年10月1日以后下达退役命令，2017年1月1日以后离队的退役军人，按照后财〔2015〕1726号和后财〔2015〕1727号通知要求，办理军人退役基本养老保险和军人职业年金转移接续手续。

人力资源社会保障部办公厅

总后勤部财务部

2015年11月3日

社会保险欺诈案件管理办法

人力资源社会保障部办公厅关于印发社会保险
欺诈案件管理办法的通知

人社厅发〔2016〕61号

各省、自治区、直辖市及新疆生产建设兵团人力资源社会保障厅（局）：

为加强社会保险欺诈案件管理，规范执法办案行为，提高案件查办质量和效率，强化执法监督制约和控制，促进公正廉洁执法，现将《社会保险欺诈案件管理办法》印发给你们，请认真贯彻执行。

人力资源社会保障部办公厅
2016年4月28日

第一章 总 则

第一条 为加强社会保险欺诈案件管理，规范执法办案行为，提高案件查办质量和效率，促进公正廉洁执法，根据《社会保险法》、《行政处罚法》和《行政执法机关移送涉嫌犯罪案件的规定》等法律法规以及《人力资源社会保障部 公安部关于加强社会保险欺诈案件查处和移送工作的通知》，结合工作实际，制定本办法。

第二条　社会保险行政部门应当建立规范、有效的社会保险欺诈案件管理制度，加强案件科学化、规范化、全程化、信息化管理。

第三条　社会保险行政部门对社会保险欺诈案件的管理活动适用本办法。

第四条　社会保险行政部门的基金监督机构具体负责社会保险欺诈案件归口管理工作。

上级社会保险行政部门应当加强对下级社会保险行政部门社会保险欺诈案件查办和案件管理工作的指导和监督。

第五条　社会保险行政部门应当制定统一、规范的社会保险欺诈案件执法办案流程和法律文书格式，实现执法办案活动程序化、标准化管理。

第六条　社会保险行政部门应当建立健全社会保险欺诈案件管理信息系统，实现执法办案活动信息化管理。

第七条　社会保险行政部门根据社会保险欺诈案件查办和管理工作需要，可以聘请专业人员和机构参与案件查办或者案件管理工作，提供专业咨询和技术支持。

第二章　记录管理和流程监控

第八条　社会保险行政部门应当建立社会保险欺诈案件管理台账，对社会保险欺诈案件进行统一登记、集中管理，对案件立案、调查、决定、执行、移送、结案、归档等执法办案全过程进行跟踪记录、监控和管理。

第九条　社会保险行政部门应当及时、准确地登记和记录案件全要素信息。

案件登记和记录内容包括：案件名称、编号、来源、立案时间、涉案对象和险种等案件基本信息情况，案件调查和检查、决定、执行、移送、结案和立卷归档情况，案件办理各环节法律文书签发和送达情况，办案人员情况以及其他需要登记和记录的案件信息。

第十条　社会保险行政部门应当建立案件流程监控制度，对案件查办时限、程序和文书办理进行跟踪监控和督促。

第十一条　社会保险行政部门应当根据案件查办期限要求，合理设定执法办案各环节的控制时限，加强案件查办时限监控。

第十二条　社会保险行政部门应当根据案件查办程序规定，设定执法办案程序流转的顺序控制，上一环节未完成不得进行下一环节。

第十三条　社会保险行政部门应当根据案件查办文书使用管理规定，设定文书办理程序和格式控制，规范文书办理和使用行为。

第三章　立案和查处管理

第十四条　社会保险行政部门立案查处社会保险欺诈案件，应当遵循依法行政、严格执法的原则，坚持有案必查、违法必究，做到事实清楚、证据确凿、程序合法、法律法规规章适用准确适当、法律文书使用规范。

第十五条　社会保险欺诈案件由违法行为发生地社会保险行政部门管辖。

社会保险行政部门对社会保险欺诈案件管辖发生争议的，应当按照主要违法行为发生地或者社会保险基金主要受损地管辖原则协商解决。协商不成的，报请共同的上一级社会保险行政部门指定管辖。

第十六条　社会保险行政部门应当健全立案管理制度，对发现的社会保险欺诈违法违规行为，符合立案条件，属于本部门管辖的，应当按照规定及时立案查处。

第十七条　社会保险行政部门对于查处的重大社会保险欺诈案

件，应当在立案后 10 个工作日内向上一级社会保险行政部门报告。

立案报告内容应当包括案件名称、编号、来源、立案时间、涉案对象、险种等案件基本信息情况以及基本案情等。

第十八条 社会保险行政部门立案查处社会保险欺诈案件，应当指定案件承办人。

指定的案件承办人应当具备执法办案资格条件，并符合回避规定。

第十九条 案件承办人应当严格按照规定的程序、方法、措施和时限，开展案件调查或者检查，收集、调取、封存和保存证据，制作和使用文书，提交案件调查或者检查报告。

第二十条 社会保险行政部门应当对案件调查或者检查结果进行审查，并根据违法行为的事实、性质、情节以及社会危害程度等不同情况，作出给予或者不予行政处理、处罚的决定。

社会保险行政部门在作出行政处罚决定前，应当按照规定履行事先告知程序，保障当事人依法行使陈述、申辩权以及要求听证的权利。

第二十一条 社会保险行政部门作出行政处理、处罚决定的，应当制作行政处理、处罚决定书，并按照规定期限和程序送达当事人。

社会保险行政部门应当定期查询行政处理、处罚决定执行情况，对于当事人逾期并经催告后仍不执行的，应当依法强制执行或者申请人民法院强制执行。

第二十二条 社会保险行政部门及其执法办案人员应当严格执行罚款决定和收缴分离制度，除依法可以当场收缴的罚款外，不得自行收缴罚款。

第二十三条 对于符合案件办结情形的社会保险欺诈案件，社会保险行政部门应当及时结案。

符合下列情形的，可以认定为案件办结：

（一）作出行政处理处罚决定并执行完毕的；

（二）作出不予行政处理、处罚决定的；

（三）涉嫌构成犯罪，依法移送司法机关并被立案的；

（四）法律法规规定的其他案件办结情形。

第二十四条 社会保险行政部门跨区域调查案件的，相关地区社会保险行政部门应当积极配合、协助调查。

第二十五条 社会保险行政部门应当健全部门行政执法协作机制，加强与审计、财政、价格、卫生计生、工商、税务、药品监管和金融监管等行政部门的协调配合，形成监督合力。

第四章 案件移送管理

第二十六条 社会保险行政部门应当健全社会保险欺诈案件移送制度，按照规定及时向公安机关移送涉嫌社会保险欺诈犯罪案件，不得以行政处罚代替案件移送。

社会保险行政部门在查处社会保险欺诈案件过程中，发现国家工作人员涉嫌违纪、犯罪线索的，应当根据案件的性质，向纪检监察机关或者人民检察院移送。

第二十七条 社会保险行政部门移送涉嫌社会保险欺诈犯罪案件，应当组成专案组，核实案情提出移送书面报告，报本部门负责人审批，作出批准或者不批准移送的决定。

作出批准移送决定的，应当制作涉嫌犯罪案件移送书，并附涉嫌社会保险欺诈犯罪案件调查报告、涉案的有关书证、物证及其他有关涉嫌犯罪的材料，在规定时间内向公安机关移送，并抄送同级人民检察院。在移送案件时已经作出行政处罚决定的，应当将行政处罚决定书一并抄送。

作出不批准移送决定的，应当将不批准的理由记录在案。

第二十八条 社会保险行政部门对于案情重大、复杂疑难，性质难以确定的案件，可以就刑事案件立案追诉标准、证据固定和保全等问题，咨询公安机关、人民检察院。

第二十九条 对于公安机关决定立案的社会保险欺诈案件,社会保险行政部门应当在接到立案通知书后及时将涉案物品以及与案件有关的其他材料移交公安机关,并办理交接手续。

第三十条 对于已移送公安机关的社会保险欺诈案件,社会保险行政部门应当定期向公安机关查询案件办理进展情况。

第三十一条 公安机关在查处社会保险欺诈案件过程中,需要社会保险行政部门协助查证、提供有关社会保险信息数据和证据材料或者就政策性、专业性问题进行咨询的,社会保险行政部门应当予以协助配合。

第三十二条 对于公安机关决定不予立案或者立案后撤销的案件,社会保险行政部门应当按照规定接收公安机关退回或者移送的案卷材料,并依法作出处理。

社会保险行政部门对于公安机关作出的不予立案决定有异议的,可以向作出决定的公安机关申请复议,也可以建议人民检察院进行立案监督。

第三十三条 社会保险行政部门应当与公安机关建立联席会议、案情通报、案件会商等工作机制,确保基金监督行政执法与刑事司法工作衔接顺畅,坚决克服有案不移、有案难移、以罚代刑现象。

第三十四条 社会保险行政部门应当与公安机关定期或者不定期召开联席会议,互通社会保险欺诈案件查处以及行政执法与刑事司法衔接工作情况,分析社会保险欺诈形势和任务,协调解决工作中存在的问题,研究提出加强预防和查处的措施。

第三十五条 社会保险行政部门应当按照规定与公安、检察机关实现基金监督行政执法与刑事司法信息的共享,实现社会保险欺诈案件移送等执法、司法信息互联互通。

第五章 重大案件督办

第三十六条 社会保险行政部门应当建立重大社会保险欺诈案

件督办制度，加强辖区内重大社会保险欺诈案件查处工作的协调、指导和监督。

重大案件督办是指上级社会保险行政部门对下级社会保险行政部门查办重大案件的调查、违法行为的认定、法律法规的适用、办案程序、处罚及移送等环节实施协调、指导和监督。

第三十七条　上级社会保险行政部门可以根据案件性质、涉案金额、复杂程度、查处难度以及社会影响等情况，对辖区内发生的重大社会保险欺诈案件进行督办。

对跨越多个地区，案情特别复杂，本级社会保险行政部门查处确有困难的，可以报请上级社会保险行政部门进行督办。

第三十八条　案件涉及其他行政部门的，社会保险行政部门可以协调相关行政部门实施联合督办。

第三十九条　社会保险行政部门（以下简称督办单位）确定需要督办的案件后，应当向承办案件的下级社会保险行政部门（以下简称承办单位）发出重大案件督办函，同时抄报上级社会保险行政部门。

第四十条　承办单位收到督办单位重大案件督办函后，应当及时立案查处，并在立案后10个工作日内将立案情况报告督办单位。

第四十一条　承办单位应当每30个工作日向督办单位报告一次案件查处进展情况；重大案件督办函有确定报告时限的，按照确定报告时限报告。案件查处有重大进展的，应当及时报告。

第四十二条　督办单位应当对承办单位督办案件查处工作进行指导、协调和督促。

对于承办单位未按要求立案查处督办案件和报告案件查处进展情况的，督办单位应当及时询问情况，进行催办。

第四十三条　督办单位催办可以采取电话催办、发函催办、约谈催办的方式，必要时也可以采取现场督导催办方式。

第四十四条　对因督办案件情况发生变化，不需要继续督办的，督办单位可以撤销督办，并向承办单位发出重大案件撤销督办函。

第四十五条 承办单位应当在督办案件办结后,及时向督办单位报告结果。

办结报告内容应当包括案件名称、编号、来源、涉案对象和险种等基本信息情况、主要违法事实情况、案件调查或检查情况、行政处理处罚决定和执行情况以及案件移送情况等。

第六章 案件立卷归档

第四十六条 社会保险行政部门应当健全社会保险欺诈案件立卷归档管理制度,规范案卷管理行为。

第四十七条 社会保险欺诈案件办结后,社会保险行政部门应当及时收集、整理案件相关材料,进行立卷归档。

第四十八条 社会保险欺诈案件应当分别立卷,统一编号,一案一卷,做到目录清晰、资料齐全、分类规范、装订整齐、归档及时。

案卷可以立为正卷和副卷。正卷主要列入各类证据材料、法律文书等可以对外公开的材料;副卷主要列入案件讨论记录、法定秘密材料等不宜对外公开的材料。

第四十九条 装订成册的案卷应当由案卷封面、卷内文件材料目录、卷内文件材料、卷内文件材料备考表和封底组成。

第五十条 卷内文件材料应当按照以下规则组合排列:

(一)行政决定文书及其送达回证排列在最前面,其他文书材料按照工作流程顺序排列;

(二)证据材料按照所反映的问题特征分类,每类证据主证材料排列在前,旁证材料排列在后;

(三)其他文件材料按照取得或者形成的时间顺序,并结合重要程度进行排列。

第五十一条 社会保险行政部门应当按照国家规定确定案卷保管期限和保管案卷。

第五十二条 社会保险行政部门建立案件电子档案的，电子档案应当与纸质档案内容一致。

第七章 案件质量评查

第五十三条 社会保险行政部门应当健全社会保险欺诈案件质量评查制度，组织、实施、指导和监督本区域内社会保险欺诈案件质量评查工作，加强案件质量管理。

第五十四条 案件质量评查应当从证据采信、事实认定、法律适用、程序规范、文书使用和制作等方面进行，通过审阅案卷、实地调研等方式，对执法办案形成的案卷进行检查、评议，发现、解决案件质量问题，提高执法办案质量。

评查内容主要包括：

（一）执法办案主体是否合法，执法办案人员是否具有资格；

（二）当事人认定是否准确；

（三）认定事实是否清楚，证据是否充分、确凿；

（四）适用法律、法规和规章是否准确、适当；

（五）程序是否合法、规范；

（六）文书使用是否符合法定要求，记录内容是否清楚，格式是否规范；

（七）文书送达是否符合法定形式与要求；

（八）行政处理、处罚决定和执行是否符合法定形式与要求；

（九）文书和材料的立卷归档是否规范。

第五十五条 社会保险行政部门应当定期或者不定期开展案件质量评查。

案件质量评查可以采取集中评查、交叉评查、网上评查方式，采用重点抽查或者随机抽查方法。

第五十六条 社会保险行政部门应当合理确定案件质量评查标准，划分评查档次。

第五十七条　社会保险行政部门开展案件质量评查，应当成立评查小组。

评查小组开展评查工作，应当实行一案一查一评，根据评查标准进行检查评议，形成评查结果。

第五十八条　评查工作结束后，社会保险行政部门应当将评查结果通报下级社会保险行政部门。

第八章　案件分析和报告

第五十九条　社会保险行政部门应当建立社会保险欺诈案件分析制度，定期对案件总体情况进行分析，对典型案例进行剖析，开展业务交流研讨，提高执法办案质量和能力。

第六十条　社会保险行政部门应当建立社会保险欺诈案件专项报告制度，定期对案件查处和移送情况进行汇总，报送上一级社会保险行政部门。

省级社会保险行政部门应当于半年和年度结束后 20 日内上报社会保险欺诈案件查处和移送情况报告，并附社会保险欺诈案件查处和移送情况表，与社会保险基金要情统计表同时报送（一式三份）。

专项报告内容主要包括：社会保险欺诈案件查处和移送情况及分析、重大案件和上级督办案件查处情况、案件查处和移送制度机制建设和执行情况以及案件管理工作情况。

第六十一条　社会保险行政部门应当建立社会保险欺诈案件情况通报制度，定期或者不定期通报本辖区内社会保险欺诈案件发生和查处情况。

通报社会保险欺诈案件情况，可以在本系统通报，也可以根据工作需要向社会公开通报。

对于重大社会保险欺诈案件可以进行专题通报。

第六十二条　社会保险行政部门应当健全社会保险欺诈案例指

导制度，定期或者不定期收集、整理、印发社会保险欺诈典型案例，指导辖区内案件查处工作。

第六十三条 社会保险行政部门应当健全社会保险欺诈案件信息公开制度，依法公开已办结案件相关信息，接受社会监督。

第六十四条 社会保险行政部门查处社会保险欺诈案件，作出行政处罚决定的，应当在作出决定后7个工作日内，在社会保险行政部门门户网站进行公示。

第六十五条 社会保险行政部门应当完善单位和个人社会保险欺诈违法信息记录和使用机制，将欺诈违法信息纳入单位和个人诚信记录，加强失信惩戒，促进社会保险诚信建设。

第九章　监督检查

第六十六条 上级社会保险行政部门应当定期或者不定期对下级社会保险行政部门社会保险欺诈案件查处和移送情况以及案件管理情况进行监督检查，加强行政层级执法监督。

第六十七条 社会保险行政部门应当健全执法办案责任制，明确执法办案职责，加强对执法办案活动的监督和问责。

第十章　附　则

第六十八条 本办法自发布之日起施行。
第六十九条 本办法由人力资源社会保障部负责解释。

全国普法学习读本

医疗保障法律法规学习读本

城乡医疗法律法规

魏光朴 主编

汕头大学出版社

图书在版编目（CIP）数据

城乡医疗法律法规 / 魏光朴主编. -- 汕头：汕头大学出版社，2023.4（重印）

（医疗保障法律法规学习读本）

ISBN 978-7-5658-3208-6

Ⅰ. ①城… Ⅱ. ①魏… Ⅲ. ①医疗保障-法规-中国-学习参考资料 Ⅳ. ①D922.164

中国版本图书馆 CIP 数据核字（2017）第 254814 号

城乡医疗法律法规　　CHENGXIANG YILIAO FALÜ FAGUI

主　　编：	魏光朴
责任编辑：	邹　峰
责任技编：	黄东生
封面设计：	大华文苑
出版发行：	汕头大学出版社
	广东省汕头市大学路 243 号汕头大学校园内　邮政编码：515063
电　　话：	0754-82904613
印　　刷：	三河市元兴印务有限公司
开　　本：	690mm × 960mm 1/16
印　　张：	18
字　　数：	226 千字
版　　次：	2017 年 10 月第 1 版
印　　次：	2023 年 4 月第 2 次印刷
定　　价：	59.60 元（全 2 册）

ISBN 978-7-5658-3208-6

版权所有，翻版必究

如发现印装质量问题，请与承印厂联系退换

前　言

习近平总书记指出："推进全民守法，必须着力增强全民法治观念。要坚持把全民普法和守法作为依法治国的长期基础性工作，采取有力措施加强法制宣传教育。要坚持法治教育从娃娃抓起，把法治教育纳入国民教育体系和精神文明创建内容，由易到难、循序渐进不断增强青少年的规则意识。要健全公民和组织守法信用记录，完善守法诚信褒奖机制和违法失信行为惩戒机制，形成守法光荣、违法可耻的社会氛围，使遵法守法成为全体人民共同追求和自觉行动。"

中共中央、国务院曾经转发了中央宣传部、司法部关于在公民中开展法治宣传教育的规划，并发出通知，要求各地区各部门结合实际认真贯彻执行。通知指出，全民普法和守法是依法治国的长期基础性工作。深入开展法治宣传教育，是全面建成小康社会和新农村的重要保障。

普法规划指出：各地区各部门要根据实际需要，从不同群体的特点出发，因地制宜开展有特色的法治宣传教育坚持集中法治宣传教育与经常性法治宣传教育相结合，深化法律进机关、进乡村、进社区、进学校、进企业、进单位的"法律六进"主题活动，完善工作标准，建立长效机制。

特别是农业、农村和农民问题，始终是关系党和人民事业发展的全局性和根本性问题。党中央、国务院发布的《关于推进社会主义新农村建设的若干意见》中明确提出要"加强农村法制建设，深入开展农村普法教育，增强农民的法制观念，提高农民依法行使权利和履行义务的自觉性。"多年普法实践证明，普及法律知识，提高法制观念，增强全社会依法办事意识具有重要作用。特别是在广大农村进行普法教育，是提高全民法律素质的需要。

多年来，我国在农村实行的改革开放取得了极大成功，农村发生了翻天覆地的变化，广大农民生活水平大大得到了提高。但是，由于历史和社会等原因，现阶段我国一些地区农民文化素质还不高，不学法、不懂法、不守法现象虽然较原来有所改变，但仍有相当一部分群众的法制观念仍很淡化，不懂、不愿借助法律来保护自身权益，这就极易受到不法的侵害，或极易进行违法犯罪活动，严重阻碍了全面建成小康社会和新农村步伐。

为此，根据党和政府的指示精神以及普法规划，特别是根据广大农村农民的现状，在有关部门和专家的指导下，特别编辑了这套《全国普法学习读本》。主要包括了广大人民群众应知应懂、实际实用的法律法规。为了辅导学习，附录还收入了相应法律法规的条例准则、实施细则、解读解答、案例分析等；同时为了突出法律法规的实际实用特点，兼顾地方性和特殊性，附录还收入了部分某些地方性法律法规以及非法律法规的政策文件、管理制度、应用表格等内容，拓展了本书的知识范围，使法律法规更"接地气"，便于读者学习掌握和实际应用。

在众多法律法规中，我们通过甄别，淘汰了废止的，精选了最新的、权威的和全面的。但有部分法律法规有些条款不适应当下情况了，却没有颁布新的，我们又不能擅自改动，只得保留原有条款，但附录却有相应的补充修改意见或通知等。众多法律法规根据不同内容和受众特点，经过归类组合，优化配套。整套普法读本非常全面系统，具有很强的学习性、实用性和指导性，非常适合用于广大农村和城乡普法学习教育与实践指导。总之，是全国全民普法的良好读本。

目 录

乡村医生从业管理条例

第一章　总　则 …………………………………………… (1)
第二章　执业注册 ………………………………………… (2)
第三章　执业规则 ………………………………………… (5)
第四章　培训考核 ………………………………………… (6)
第五章　法律责任 ………………………………………… (8)
第六章　附　则 …………………………………………… (9)
附　录
　　乡村医生考核办法 …………………………………… (10)
　　城乡医疗救助基金管理办法 ………………………… (14)
　　乡镇卫生院中医药服务管理基本规范 ……………… (19)
　　乡镇卫生院卫生技术人员培训暂行规定 …………… (23)
　　全国乡村医生教育规划（2011—2020年）………… (28)

村卫生室管理办法（试行）

第一章　总　则 …………………………………………… (38)
第二章　功能任务 ………………………………………… (39)
第三章　机构设置与审批 ………………………………… (40)
第四章　人员配备与管理 ………………………………… (41)
第五章　业务管理 ………………………………………… (42)
第六章　财务管理 ………………………………………… (44)
第七章　保障措施 ………………………………………… (45)
第八章　附　则 …………………………………………… (46)
附　录
　　中央预算内专项资金（国债）村卫生室建设指导意见 …… (47)

— 1 —

农村乡镇卫生、卫生防疫、妇幼保健设施建设项目管理
　　试行办法 ……………………………………………（51）
农村偏远地区药柜设置规定（试行）……………………（54）
咸阳市村卫生室和乡村医生管理办法（试行）…………（57）
全国新型农村合作医疗异地就医联网结报实施方案 ……（71）
新型农村合作医疗跨省就医联网结报转诊流程与
　　信息交换操作规范（试行）……………………………（80）
新型农村合作医疗补助资金国库集中支付管理暂行办法 …（87）
国家卫生计生委、财政部关于做好新型农村合作医疗
　　跨省就医费用核查和结报工作的指导意见 ……………（91）

城市社区卫生服务机构管理办法（试行）

第一章　总　　则 ………………………………………（98）
第二章　服务功能与执业范围 …………………………（98）
第三章　机构设置与执业登记 …………………………（100）
第四章　人员配备与管理 ………………………………（102）
第五章　执业规则与业务管理 …………………………（103）
第六章　行业监管 ………………………………………（105）
第七章　附　　则 ………………………………………（105）
附　录
　城市社区卫生服务中心基本标准……………………（106）
　城市社区卫生服务站基本标准………………………（109）
　城市社区卫生服务基本工作内容（试行）……………（111）
　社区卫生服务中心中医药服务管理基本规范………（114）
　关于进一步规范社区卫生服务管理和提升服务质量的
　　　指导意见………………………………………………（117）
　城市社区公共卫生服务专项补助资金管理办法……（124）
　关于城市社区卫生服务补助政策的意见……………（128）
　城市社区卫生服务机构设置和编制标准指导意见…（134）

乡村医生从业管理条例

中华人民共和国国务院令

第386号

《乡村医生从业管理条例》已经2003年7月30日国务院第16次常务会议通过，现予公布，自2004年1月1日起施行。

总理 温家宝

二〇〇三年八月五日

第一章 总 则

第一条 为了提高乡村医生的职业道德和业务素质，加强乡村医生从业管理，保护乡村医生的合法权益，保障村民获得初级卫生保健服务，根据《中华人民共和国执业医师法》（以下称执业医师法）的规定，制定本条例。

第二条 本条例适用于尚未取得执业医师资格或者执业助理医师资格，经注册在村医疗卫生机构从事预防、保健和一般医疗服务的乡村医生。

村医疗卫生机构中的执业医师或者执业助理医师，依照执业医师法的规定管理，不适用本条例。

第三条 国务院卫生行政主管部门负责全国乡村医生的管理工作。

县级以上地方人民政府卫生行政主管部门负责本行政区域内乡村医生的管理工作。

第四条 国家对在农村预防、保健、医疗服务和突发事件应急处理工作中做出突出成绩的乡村医生，给予奖励。

第五条 地方各级人民政府应当加强乡村医生的培训工作，采取多种形式对乡村医生进行培训。

第六条 具有学历教育资格的医学教育机构，应当按照国家有关规定开展适应农村需要的医学学历教育，定向为农村培养适用的卫生人员。

国家鼓励乡村医生学习中医药基本知识，运用中医药技能防治疾病。

第七条 国家鼓励乡村医生通过医学教育取得医学专业学历；鼓励符合条件的乡村医生申请参加国家医师资格考试。

第八条 国家鼓励取得执业医师资格或者执业助理医师资格的人员，开办村医疗卫生机构，或者在村医疗卫生机构向村民提供预防、保健和医疗服务。

第二章　执业注册

第九条 国家实行乡村医生执业注册制度。

县级人民政府卫生行政主管部门负责乡村医生执业注册工作。

第十条 本条例公布前的乡村医生，取得县级以上地方人民政府卫生行政主管部门颁发的乡村医生证书，并符合下列条件之一的，可以向县级人民政府卫生行政主管部门申请乡村医生执业注册，取得乡村医生执业证书后，继续在村医疗卫生机构执业：

（一）已经取得中等以上医学专业学历的；

（二）在村医疗卫生机构连续工作20年以上的；

（三）按照省、自治区、直辖市人民政府卫生行政主管部门制定的培训规划，接受培训取得合格证书的。

第十一条 对具有县级以上地方人民政府卫生行政主管部门颁发的乡村医生证书，但不符合本条例第十条规定条件的乡村医生，县级人民政府卫生行政主管部门应当进行有关预防、保健和一般医疗服务基本知识的培训，并根据省、自治区、直辖市人民政府卫生行政主管部门确定的考试内容、考试范围进行考试。

前款所指的乡村医生经培训并考试合格的，可以申请乡村医生执业注册；经培训但考试不合格的，县级人民政府卫生行政主管部门应当组织对其再次培训和考试。不参加再次培训或者再次考试仍不合格的，不得申请乡村医生执业注册。

本条所指的培训、考试，应当在本条例施行后6个月内完成。

第十二条 本条例公布之日起进入村医疗卫生机构从事预防、保健和医疗服务的人员，应当具备执业医师资格或者执业助理医师资格。

不具备前款规定条件的地区，根据实际需要，可以允许具有中等医学专业学历的人员，或者经培训达到中等医学专业水平的其他人员申请执业注册，进入村医疗卫生机构执业。具体办法由省、自治区、直辖市人民政府制定。

第十三条 符合本条例规定申请在村医疗卫生机构执业的人员，应当持村医疗卫生机构出具的拟聘用证明和相关学历证明、证书，向村医疗卫生机构所在地的县级人民政府卫生行政主管部门申请执业注册。

县级人民政府卫生行政主管部门应当自受理申请之日起15日

内完成审核工作,对符合本条例规定条件的,准予执业注册,发给乡村医生执业证书;对不符合本条例规定条件的,不予注册,并书面说明理由。

第十四条 乡村医生有下列情形之一的,不予注册:

(一)不具有完全民事行为能力的;

(二)受刑事处罚,自刑罚执行完毕之日起至申请执业注册之日止不满2年的;

(三)受吊销乡村医生执业证书行政处罚,自处罚决定之日起至申请执业注册之日止不满2年的。

第十五条 乡村医生经注册取得执业证书后,方可在聘用其执业的村医疗卫生机构从事预防、保健和一般医疗服务。

未经注册取得乡村医生执业证书的,不得执业。

第十六条 乡村医生执业证书有效期为5年。

乡村医生执业证书有效期满需要继续执业的,应当在有效期满前3个月申请再注册。

县级人民政府卫生行政主管部门应当自受理申请之日起15日内进行审核,对符合省、自治区、直辖市人民政府卫生行政主管部门规定条件的,准予再注册,换发乡村医生执业证书;对不符合条件的,不予再注册,由发证部门收回原乡村医生执业证书。

第十七条 乡村医生应当在聘用其执业的村医疗卫生机构执业;变更执业的村医疗卫生机构的,应当依照本条例第十三条规定的程序办理变更注册手续。

第十八条 乡村医生有下列情形之一的,由原注册的卫生行政主管部门注销执业注册,收回乡村医生执业证书:

(一)死亡或者被宣告失踪的;

(二)受刑事处罚的;

(三)中止执业活动满2年的;

(四)考核不合格,逾期未提出再次考核申请或者经再次考核仍不合格的。

第十九条　县级人民政府卫生行政主管部门应当将准予执业注册、再注册和注销注册的人员名单向其执业的村医疗卫生机构所在地的村民公告，并由设区的市级人民政府卫生行政主管部门汇总，报省、自治区、直辖市人民政府卫生行政主管部门备案。

第二十条　县级人民政府卫生行政主管部门办理乡村医生执业注册、再注册、注销注册，应当依据法定权限、条件和程序，遵循便民原则，提高办事效率。

第二十一条　村民和乡村医生发现违法办理乡村医生执业注册、再注册、注销注册的，可以向有关人民政府卫生行政主管部门反映；有关人民政府卫生行政主管部门对反映的情况应当及时核实，调查处理，并将调查处理结果予以公布。

第二十二条　上级人民政府卫生行政主管部门应当加强对下级人民政府卫生行政主管部门办理乡村医生执业注册、再注册、注销注册的监督检查，及时纠正违法行为。

第三章　执业规则

第二十三条　乡村医生在执业活动中享有下列权利：

（一）进行一般医学处置，出具相应的医学证明；

（二）参与医学经验交流，参加专业学术团体；

（三）参加业务培训和教育；

（四）在执业活动中，人格尊严、人身安全不受侵犯；

（五）获取报酬；

（六）对当地的预防、保健、医疗工作和卫生行政主管部门的工作提出意见和建议。

第二十四条　乡村医生在执业活动中应当履行下列义务：

（一）遵守法律、法规、规章和诊疗护理技术规范、常规；

（二）树立敬业精神，遵守职业道德，履行乡村医生职责，为村民健康服务；

（三）关心、爱护、尊重患者，保护患者的隐私；

（四）努力钻研业务，更新知识，提高专业技术水平；

（五）向村民宣传卫生保健知识，对患者进行健康教育。

第二十五条　乡村医生应当协助有关部门做好初级卫生保健服务工作；按照规定及时报告传染病疫情和中毒事件，如实填写并上报有关卫生统计报表，妥善保管有关资料。

第二十六条　乡村医生在执业活动中，不得重复使用一次性医疗器械和卫生材料。对使用过的一次性医疗器械和卫生材料，应当按照规定处置。

第二十七条　乡村医生应当如实向患者或者其家属介绍病情，对超出一般医疗服务范围或者限于医疗条件和技术水平不能诊治的病人，应当及时转诊；情况紧急不能转诊的，应当先行抢救并及时向有抢救条件的医疗卫生机构求助。

第二十八条　乡村医生不得出具与执业范围无关或者与执业范围不相符的医学证明，不得进行实验性临床医疗活动。

第二十九条　省、自治区、直辖市人民政府卫生行政主管部门应当按照乡村医生一般医疗服务范围，制定乡村医生基本用药目录。乡村医生应当在乡村医生基本用药目录规定的范围内用药。

第三十条　县级人民政府对乡村医生开展国家规定的预防、保健等公共卫生服务，应当按照有关规定予以补助。

第四章　培训考核

第三十一条　省、自治区、直辖市人民政府组织制定乡村医生培训规划，保证乡村医生至少每2年接受一次培训。县级人民政府根据培训规划制定本地区乡村医生培训计划。

对承担国家规定的预防、保健等公共卫生服务的乡村医生，其培训所需经费列入县级财政预算。对边远贫困地区，设区的市级以上地方人民政府应当给予适当经费支持。

国家鼓励社会组织和个人支持乡村医生培训工作。

第三十二条 县级人民政府卫生行政主管部门根据乡村医生培训计划，负责组织乡村医生的培训工作。

乡、镇人民政府以及村民委员会应当为乡村医生开展工作和学习提供条件，保证乡村医生接受培训和继续教育。

第三十三条 乡村医生应当按照培训规划的要求至少每2年接受一次培训，更新医学知识，提高业务水平。

第三十四条 县级人民政府卫生行政主管部门负责组织本地区乡村医生的考核工作；对乡村医生的考核，每2年组织一次。

对乡村医生的考核应当客观、公正，充分听取乡村医生执业的村医疗卫生机构、乡村医生本人、所在村村民委员会和村民的意见。

第三十五条 县级人民政府卫生行政主管部门负责检查乡村医生执业情况，收集村民对乡村医生业务水平、工作质量的评价和建议，接受村民对乡村医生的投诉，并进行汇总、分析。汇总、分析结果与乡村医生接受培训的情况作为对乡村医生进行考核的主要内容。

第三十六条 乡村医生经考核合格的，可以继续执业；经考核不合格的，在6个月之内可以申请进行再次考核。逾期未提出再次考核申请或者经再次考核仍不合格的乡村医生，原注册部门应当注销其执业注册，并收回乡村医生执业证书。

第三十七条 有关人民政府卫生行政主管部门对村民和乡村医生提出的意见、建议和投诉，应当及时调查处理，并将调查处理结果告知村民或者乡村医生。

第五章　法律责任

第三十八条　乡村医生在执业活动中，违反本条例规定，有下列行为之一的，由县级人民政府卫生行政主管部门责令限期改正，给予警告；逾期不改正的，责令暂停3个月以上6个月以下执业活动；情节严重的，由原发证部门暂扣乡村医生执业证书：

（一）执业活动超出规定的执业范围，或者未按照规定进行转诊的；

（二）违反规定使用乡村医生基本用药目录以外的处方药品的；

（三）违反规定出具医学证明，或者伪造卫生统计资料的；

（四）发现传染病疫情、中毒事件不按规定报告的。

第三十九条　乡村医生在执业活动中，违反规定进行实验性临床医疗活动，或者重复使用一次性医疗器械和卫生材料的，由县级人民政府卫生行政主管部门责令停止违法行为，给予警告，可以并处1000元以下的罚款；情节严重的，由原发证部门暂扣或者吊销乡村医生执业证书。

第四十条　乡村医生变更执业的村医疗卫生机构，未办理变更执业注册手续的，由县级人民政府卫生行政主管部门给予警告，责令限期办理变更注册手续。

第四十一条　以不正当手段取得乡村医生执业证书的，由发证部门收缴乡村医生执业证书；造成患者人身损害的，依法承担民事赔偿责任；构成犯罪的，依法追究刑事责任。

第四十二条　未经注册在村医疗卫生机构从事医疗活动的，由县级以上地方人民政府卫生行政主管部门予以取缔，没收其违法所得以及药品、医疗器械，违法所得5000元以上的，并处违法所得1倍以上3倍以下的罚款；没有违法所得或者违法所得不足5000元的，并处1000元以上3000元以下的罚款；同第四十一条相关规定。

第四十三条　县级人民政府卫生行政主管部门未按照乡村医生培训规划、计划组织乡村医生培训的，由本级人民政府或者上一级人民政府卫生行政主管部门责令改正；情节严重的，对直接负责的主管人员和其他直接责任人员依法给予行政处分。

第四十四条　县级人民政府卫生行政主管部门，对不符合本条例规定条件的人员发给乡村医生执业证书，或者对符合条件的人员不发给乡村医生执业证书的，由本级人民政府或者上一级人民政府卫生行政主管部门责令改正，收回或者补发乡村医生执业证书，并对直接负责的主管人员和其他直接责任人员依法给予行政处分。

第四十五条　县级人民政府卫生行政主管部门对乡村医生执业注册或者再注册申请，未在规定时间内完成审核工作的，或者未按照规定将准予执业注册、再注册和注销注册的人员名单向村民予以公告的，由本级人民政府或者上一级人民政府卫生行政主管部门责令限期改正；逾期不改正的，对直接负责的主管人员和其他直接责任人员依法给予行政处分。

第四十六条　卫生行政主管部门对村民和乡村医生反映的办理乡村医生执业注册、再注册、注销注册的违法活动未及时核实、调查处理或者未公布调查处理结果的，同第四十五条相关规定。

第四十七条　寻衅滋事、阻碍乡村医生依法执业，侮辱、诽谤、威胁、殴打乡村医生，构成违反治安管理行为的，由公安机关依法予以处罚；构成犯罪的，依法追究刑事责任。

第六章　附　则

第四十八条　乡村医生执业证书格式由国务院卫生行政主管部门规定。

第四十九条　本条例自2004年1月1日起施行。

附 录

乡村医生考核办法

卫生部关于印发《乡村医生考核办法》的通知

卫农卫发〔2008〕43号

各省、自治区、直辖市卫生厅局:

为加强乡村医生从业管理,规范乡村医生考核,提高乡村医生队伍素质,更好地为广大农民健康服务,根据《乡村医生从业管理条例》,我部组织制定了《乡村医生考核办法》。现印发给你们,请遵照执行。

二○○八年八月一日

第一章 总 则

第一条 为加强乡村医生从业管理,规范乡村医生考核,提高乡村医生队伍素质,更好地为广大农民健康服务,根据《乡村医生从业管理条例》,制定本办法。

第二条 本办法所称乡村医生考核,是指县级卫生行政部门按照《乡村医生从业管理条例》有关规定,对乡村医生从业情况定期进行的考核。

第三条 本办法适用于依法取得乡村医生执业证书,在村医疗卫生机构执业的乡村医生。

第四条 考核应当坚持科学、公平、公正、公开原则。

第五条 对乡村医生的考核，每2年组织一次。

第六条 卫生部负责全国乡村医生考核工作。

省级和设区的市级卫生行政部门负责本行政区域内乡村医生考核的监督管理工作。

县级卫生行政部门负责本行政区域内乡村医生考核的组织工作。

第二章 考核机构

第七条 县级卫生行政部门应当成立乡村医生考核委员会，负责乡村医生考核的具体实施工作。

第八条 考核委员会由县级卫生行政部门和县、乡医疗卫生机构的卫生管理及卫生技术人员组成。考核委员会可在乡镇卫生院设立考核小组，具体负责本辖区内乡村医生的考核工作。

第九条 考核委员会应当制定考核工作制度和考核工作方案，保证考核工作规范进行。

第三章 考核内容

第十条 乡村医生考核包括业务考评和职业道德评定两方面内容。

第十一条 业务考评主要包括：

（一）工作任务完成情况；

（二）业务水平；

（三）学习培训情况；

（四）省级卫生行政部门规定的其他内容。

第十二条 职业道德评定主要包括医德医风情况。考核委员会在评定过程中要充分听取所在村村民委员会、乡村医生和村民的意见。

第四章 考核方式和程序

第十三条 考核方式主要包括：

（一）个人述职；

（二）日常工作和年度考核；

（三）业务水平测试；

（四）职业道德评议。

第十四条 考核按照以下程序进行：

（一）考核委员会应当于考核前30日通知需要接受考核的乡村医生；

（二）考核委员会按照上述第十三条规定的考核方式对乡村医生进行考核；

（三）考核委员会综合评定考核结果；

（四）考核委员会向乡村医生送达书面考核结果；

（五）乡村医生对考核结果签署意见；

（六）考核委员会向县级卫生行政部门报告考核结果。

乡村医生因特殊情况需要暂缓考核的，向考核委员会提出申请。经考核委员会批准同意后，予以暂缓考核。

第十五条 乡村医生认为考核人员与其有利害关系，可能影响考核客观公正的，可以在考核前向考核委员会申请回避。理由正当的，考核委员会应当予以准许。考核人员与接受考核的乡村医生有利害关系的，应当回避。

第五章 考核结果及应用

第十六条 考核结果分为合格和不合格。县级卫生行政部门应当将考核结果记入《乡村医生执业证书》中的"考核记录"栏。

第十七条 乡村医生对考核结果有异议的，可以在收到考核评定结果之日起15日内，向考核委员会提出复核申请。考核委员会应当在接到复核申请之日起15日内对乡村医生考核结果进行复核，并将复核意见书面通知乡村医生本人。复核意见为最终考核结果。乡村医生逾期未提出异议的，视为接受考核结果。

第十八条 乡村医生经考核合格的，可以继续执业；经考核不合格的，在6个月之内可以申请进行再次考核。逾期未提出再次考核申请或者经再次考核仍不合格的乡村医生，原注册部门应当注销其执业注册，并收回乡村医生执业证书。

第十九条 乡村医生在考核工作中有下列情形之一的，考核结果为不合格：

（一）以不正当手段通过考核的；

（二）无正当理由不参加考核的；

（三）省级卫生行政部门规定的其他情形。

第六章 监督管理

第二十条 县级卫生行政部门应当将乡村医生考核结果在乡村医生所在乡镇范围内予以公布

第二十一条 设区的市级卫生行政部门对辖区内乡村医生考核情况进行汇总，报省级卫生行政部门备案。

第二十二条 省级和设区的市级卫生行政部门对本办法的实施情况进行监督检查，对未按照本办法开展乡村医生考核工作的，应当责成县级卫生行政部门改正。

第七章 附 则

第二十三条 《乡村医生考核表》、《乡村医生考核复核表》由卫生部制定统一样式。

第二十四条 省级卫生行政部门根据本办法制定实施细则。

城乡医疗救助基金管理办法

关于印发《城乡医疗救助基金管理办法》的通知

财社〔2013〕217号

各省、自治区、直辖市、计划单列市财政厅（局）、民政厅（局）：

为规范城乡医疗救助基金的管理和使用，提高使用效益，根据有关政策法规，财政部会同民政部制定了《城乡医疗救助基金管理办法》。现印发给你们，请结合本地区实际，认真贯彻执行。

财政部　民政部
2013年12月23日

第一章　总　则

第一条　为规范城乡医疗救助基金的管理和使用，提高使用效益，根据有关政策法规，制定本办法。

第二条　本办法所称城乡医疗救助基金，是指通过公共财政预算、彩票公益金和社会各界捐助等渠道筹集，按规定用于城乡贫困家庭医疗救助的专项基金。

第三条　城乡医疗救助基金应按照公开、公平、公正、专款专用、收支平衡的原则进行管理和使用。

第四条　城乡医疗救助基金纳入社会保障基金财政专户（以下简称社保基金专户），实行分账核算，专项管理，专款专用。县级财政部门将原来在社保基金专户中分设的"城市医疗救助基金专账"和"农村医疗救助基金专账"进行合并，建立"城乡医疗救助基金专账"，用于办理基金的筹集、核拨、支付等业务。

第二章 基金筹集

第五条 县级以上人民政府建立城乡医疗救助基金，城乡医疗救助基金来源主要包括：

（一）地方各级财政部门每年根据本地区开展城乡医疗救助工作的实际需要，按照预算管理的相关规定，在年初公共财政预算和彩票公益金中安排的城乡医疗救助资金。

（二）社会各界自愿捐赠的资金。

（三）城乡医疗救助基金形成的利息收入。

（四）按规定可用于城乡医疗救助的其他资金。

第六条 县级以上财政部门会同民政部门根据城乡医疗救助对象需求、工作开展情况等因素，按照财政管理体制，科学合理地安排城乡医疗救助补助资金。上级财政对经济困难的地区给予适当补助。

第三章 基金使用

第七条 城乡医疗救助基金的救助对象是城乡低保对象、农村五保供养对象，以及其他符合医疗救助条件的经济困难群众。

第八条 城乡医疗救助基金应分别结合城镇居民基本医疗保险和新型农村合作医疗制度（以下简称基本医疗保险）的相关政策规定，统筹考虑城乡困难群众的救助需求，首先确保资助救助对象全部参加基本医疗保险，其次对经基本医疗保险、大病保险和商业保险等补偿后，救助对象仍难以负担的符合规定的医疗费用给予补助，帮助困难群众获得基本医疗服务。对因各种原因未能参加基本医疗保险的救助对象个人自负医疗费用，可直接给予救助。

第九条 救助方式以住院救助为主，同时兼顾门诊救助。各地要科学制定救助方案,合理设置封顶线,稳步提高救助水平。要结合基本医疗保险的待遇规定,统筹城乡医疗救助制度,弥合城乡困难群众在获得医疗救助方面的差异,满足其正常的医疗服务需求。

第十条 各地区应结合本地实际明确城乡医疗救助对象的具体范围,细化城乡医疗救助基金具体使用方案。

第四章 基金支出

第十一条 城乡医疗救助基金原则上实行财政直接支付。民政部门向同级财政部门提交拨款申请,财政部门审核后将城乡医疗救助基金由社保基金专户直接支付到定点医疗机构、定点零售药店或医疗救助对象。

资助医疗救助对象参保参合的,由民政部门将与基本医疗保险经办机构确认后的符合救助标准的医疗救助人数、参保参合资助标准及资金总量提供给同级财政部门,经同级财政部门审核后,从社保基金专户中的"城乡医疗救助基金专账"中将个人缴费核拨至"城镇居民基本医疗保险专账"或"新型农村合作医疗专账"中。

开展"一站式"即时结算的地区,由定点医疗机构和定点零售药店在结算时先扣除基本医疗保险报销费用和医疗救助补助的费用,参保参合救助对象只需结清个人应承担部分。基本医疗保险经办机构、定点医疗机构和定点零售药店所垫付的医疗救助资金情况,在规定时间内报民政部门审核后,由民政部门向同级财政部门提出支付申请,同级财政部门通过"城乡医疗救助基金专账"直接支付给以上机构。

未开展"一站式"即时结算的地区以及需要事后救助的,由医疗救助对象个人按规定出具基本医疗保险报销的补偿审核表或结算单、定点医疗机构复式处方或定点零售药店购药发票等能够证明合规医疗费用的有效凭证,在规定时间内报同级民政部门核批,由民政部门向同级财政部门提出申请,同级财政部门通过"城乡医疗救助基金专账"直接支付给医疗救助对象。对救助对象个人的补助资金原则上通过转账方式，减少现金支出。

统筹地区民政部门可采取通过财政直接支付向定点医疗机构提供一定预付资金额度的方式，减免救助对象住院押金，方便其看病就医。

第十二条 暂不具备直接支付条件的统筹地区民政部门可根据需要开设一个城乡医疗救助基金支出户（以下简称支出户）。一个统筹地区最多开设一个支出户。全部医疗救助补助支出实行直接支付的地区，不设支出户。

支出户的主要用途是：接收财政专户拨入的基金，支付基金支出款项，包括对救助对象符合规定的不能通过"一站式"即时结算的医疗费补助支出，对偏远地区和金融服务不发达等不具备直接支付条件的地区的基金支出，及政策规定的其他可以直接发放给救助对象的基金支出。支出户的利息收入应定期缴入社保基金专户，并入城乡医疗救助基金管理。

支出户除向定点医疗机构和定点零售药店结算垫付医疗费用、向医疗救助对象支付救助资金外，不得发生其他支出业务。支出户发生的业务原则上通过转账方式，逐步减少并取消现金支出。

第十三条 建立定期对账制度，地方各级财政、民政部门应按照规定认真做好城乡医疗救助基金的清理和对账工作，每年不少于两次。年度末，民政部门应按要求向同级财政部门报送城乡医疗救助基金年度执行情况及相关说明。

第五章 基金管理

第十四条 城乡医疗救助基金年终结余资金可以结转下年度继续使用。基金累计结余一般应不超过当年筹集基金总额的15%。各地应进一步完善救助方案，确保基金均衡合理使用，确保救助对象最大程度受益。

第十五条 城乡医疗救助基金必须全部用于救助对象的医疗救助，对不按规定用药、诊疗以及不按规定提供医疗服务所发生的医疗费，城乡医疗救助基金不予结算。任何单位和个人不得截留、挤占、挪用，不得向救助对象收取任何管理费用。

第十六条 城乡医疗救助基金的筹集和使用情况，应通过网站、公告等形式按季度向社会公布，城乡医疗救助对象和救助金额等情况应每季度在村（居）委会张榜公布，接受社会监督。

第十七条 民政部门应会同人力资源社会保障、卫生计生等部门定期检查定点医疗机构和定点零售药店提供的医疗服务和收费情况，对医疗服务质量差、医疗行为违规的，暂缓或停止拨付其垫付的资金。

第十八条 地方各级民政和财政等部门要定期对城乡医疗救助基金使用情况进行监督检查，并自觉接受审计、监察等部门的监督。民政部、财政部对各地医疗救助工作开展情况和基金使用情况进行抽查。

第十九条 发现虚报冒领、挤占挪用、贪污浪费等违纪违法行为的单位和个人，按照有关法律法规严肃处理。对故意编造虚假信息，骗取上级补助的，除责令立即纠正、扣回、停拨上级补助资金外，还应按规定追究有关单位和人员的责任。

第六章 附 则

第二十条 各地财政、民政部门可根据本地实际情况，制定城乡医疗救助基金管理的具体办法。

第二十一条 本办法自印发之日起执行，《财政部 民政部关于印发〈农村医疗救助基金管理试行办法〉》（财社〔2004〕1号）、《财政部民政部关于加强城市医疗救助基金管理的意见》（财社〔2005〕39号）同时废止。

第二十二条 本办法由财政部、民政部负责解释。

乡镇卫生院中医药服务管理基本规范

卫生部、国家中医药管理局关于印发
《乡镇卫生院中医药服务管理基本规范》和
《社区卫生服务中心中医药服务管理
基本规范》的通知
国中医药发〔2003〕56号

各省、自治区、直辖市、计划单列市卫生厅局、中医药管理局，新疆生产建设兵团卫生局：

为贯彻落实《中华人民共和国中医药条例》，进一步推动全国农村和社区卫生工作的开展，加强乡镇卫生院和社区卫生服务中心中医药服务的规范化管理，发挥中医药在农村和社区卫生工作中的优势与作用，不断满足人民群众对中医药的需求，现将《乡镇卫生院中医药服务管理基本规范》和《社区卫生服务中心中医药服务管理基本规范》印发给你们，请遵照执行。

二〇〇三年十一月二十五日

一、总则

（一）为加强乡镇卫生院中医药服务规范化管理，发挥中医药在农村卫生工作中的优势与作用，根据《中华人民共和国中医药条例》，制定本规范。

（二）本规范适用于依法设立的乡镇卫生院。乡镇卫生院民族医药服务管理，以及其他基层乡镇卫生机构中医药服务管理，参照执行。

（三）县级以上地方人民政府负责中医药管理的部门负责对本行政区域内乡镇卫生院中医药服务进行监督管理，并安排专人负责。

省、自治区、直辖市人民政府负责中医药管理的部门应当结合行政区域内实际，制定切实发挥中医药在农村优势与作用的具体政策措施和乡镇卫生院中医科基本设施配置标准，确定乡镇卫生院中医药业务工作的具体指标值。省、自治区、直辖市卫生行政部门应当把中医药服务项目纳入新型农村合作医疗的支付范围。

二、中医科建设

（一）乡镇卫生院应当将提供中医药服务作为其业务工作的重要内容，设置中医科，开设中药房，有相应的专用医疗用房。房屋面积、环境等达到省级中医药管理部门规定的要求和标准。

（二）有条件的乡镇卫生院可根据本地区疾病谱、中医药专业技术条件等情况开设相应的特色专科（专病），设置中药炮制室、煎药室。

三、中医药人员配备和人才培养

（一）乡镇卫生院应当建立稳定的中医药专业技术人员队伍。

中医药专业技术人员，应当依照有关法律法规取得执业资格，并经注册取得执业证书后，方可从事中医药服务活动。

中医执业助理医师和中医执业医师应占执业助理医师和执业医师总数的一定比例，具体比例由省、自治区、直辖市卫生行政部门制定。

（二）应当开展多种形式的岗位培训、在职教育和学术交流，提高中医药专业技术人员学历层次和实际工作能力。

中医药专业技术人员每五年参加进修学习的时间为3-6个月以上。

鼓励农村临床医疗服务人员兼学中医，并应用中医药诊疗技术为农民服务；加强农村临床医疗服务人员的中医药知识与技能的培训。

四、中医药服务基本内容

（一）医疗服务

1. 提供基本的中医医疗服务，在门诊、病房、出诊、家庭病床等工作中运用中医理论辨证论治处理常见病、多发病、慢性病；

2. 根据"简、便、验、廉"的原则，运用包括中药、针灸、推拿、火罐、敷贴、刮痧、熏洗、穴位注射、热熨等在内的 5 种以上中医药适宜技术；

3. 运用中医药方法结合现代理疗手段，开展中医康复医疗服务；

4. 提供中成药和中药饮片品种数量应当满足开展中医药服务需要。中成药品种应当在 80 种以上，中药饮片应当在 250 种以上。经济欠发达地区，可适当调整。

（二）预防保健

1. 充分发挥中医药特色和优势，积极参与辖区内传染病的预防工作；

2. 开展 2 种以上常见病、多发病、慢性病中医药防治一体化的服务，运用中医理论和技术，参与健康指导和行为干预；

3. 制定有中医药内容的适合辖区内老年人、妇女、儿童等重点人群以及亚健康人群的保健方案，并组织实施。有条件的，应开展具有中医特色的养生保健；

4. 运用中医药知识开展优生优育、生殖保健和孕产妇保健的咨询及指导；

5. 运用多种形式，宣传中医药防病、保健知识，能够提供有中医药内容的健康教育。

（三）提供中医药服务应当严格遵守国家有关中医诊断治疗原则、医疗技术标准和技术操作规范。

五、加强村卫生室的中医药业务管理和指导

（一）乡镇卫生院应开展对村卫生室的中医药技术指导、业务管理和对乡村医生的培训，使每个村至少有一名中医或能中会西的乡村医生；并指导乡村中医药技术人员积极利用当地中医药资源，自种、自采、自用中草药。

开展乡村卫生服务管理一体化的地区，乡镇卫生院应当承担村卫生室中成药和中药饮片统一代购工作，保证中药质量和用药安全。

（二）县级以上地方人民政府负责中医药管理的部门应当将村卫生室的中医药业务工作列入乡镇卫生院综合目标考核内容。

乡镇卫生院卫生技术人员培训
暂行规定

卫生部关于印发乡镇卫生院卫生技术人员
培训暂行规定的通知

各省、自治区、直辖市卫生厅局,新疆生产建设兵团卫生局:

为贯彻以农村为重点的卫生工作方针,落实《中共中央、国务院关于进一步加强农村卫生工作的决定》和卫生部等5部委《关于加强农村卫生人才培养和队伍建设的意见》,建立、健全农村卫生技术人员在职培训制度,不断提高乡镇卫生院卫生专业技术人员的服务水平,我部组织制定了《乡镇卫生院卫生技术人员培训暂行规定》,以规范农村基层卫生人员培训工作的管理,适应农村卫生事业的发展和农民医疗卫生保健需求不断提高的需要。现将《乡镇卫生院卫生技术人员培训暂行规定》印发给你们,请结合当地实际贯彻执行。执行中有何问题和建议,请及时反馈我部。

二〇〇四年一月七日

第一章 总 则

第一条 为贯彻落实《中共中央、国务院关于进一步加强农村卫生工作的决定》和卫生部等五部委《关于加强农村卫生人才培养和队伍建设的意见》,建立健全农村卫生技术人员在职培训制度，不断提高乡镇卫生院卫生专业技术人员（以下简称卫技人员）的服务水平，以适应农村卫生改革与发展的需要，特制定本规定。

第二条 本规定适用于全国乡镇卫生院在职卫技人员。

第三条 本规定所指卫技人员是指在乡镇卫生院从事医疗、护理、药剂、预防保健及其他相关卫生专业技术工作的人员。

第四条 本规定中的培训是指对乡镇卫生院卫技人员进行以胜任岗位要求为基础，以学习基本理论、基本技术和方法为主要内容，以不断更新知识、提高业务水平和职业道德素质为目的各种教育培训活动。

第五条 乡镇卫生院卫技人员有参加和接受培训的权利与义务。

第二章 组织与管理

第六条 乡镇卫生院卫技人员培训工作实行行业管理。各级卫生行政部门负责领导和管理本地区乡镇卫生院卫技人员的培训工作。

卫生部负责制定全国乡镇卫生院卫技人员培训政策和规划，进行宏观管理和指导。

各省（区、市）卫生行政部门负责制定本省乡镇卫生院卫技人员培训实施细则并进行协调、管理和指导。

地（市）卫生行政部门负责本地区乡镇卫生院卫技人员培训的监督、检查和评估，组织对培训基地的资格认定和评估考核。

县级卫生行政部门负责乡镇卫生院卫技人员培训的组织、实施和培训基地的建设与管理。

第七条 乡镇卫生院要按照县级卫生行政部门制定的统一培训计划，积极创造培训条件，组织并安排卫技人员参加培训活动。

第三章 培训内容、形式与要求

第八条 乡镇卫生院卫技人员培训内容应突出实用性与适宜性，坚持理论联系实际。培训内容主要是：（一）基础培训，包括基础知识、基本理论、基本技能的三基培训，培训内容参照《乡镇卫生院卫技人员在职培训指导手册》；（二）知识更新培训，包括以新知识、新理论、新方法、新技能为主的四新培训；（三）全科医学知识培训，学习全科医学基本概念和全科医学服务模式，掌握开展社区卫生服务的适宜技术，培训内容参照卫生部《全科医师岗位培训大纲》和《社区护士岗位培训大纲》。

第九条 培训应坚持按需施教、讲求实效的原则，根据培训对象、培训条件、培训内容，可采取培训班、临床进修、研讨班、学术讲座、学术会议、专项技术培训、远程教育等方式。鼓励乡镇卫生院通过同行指导、自学、查房、病例讨论、技术观摩等形式举办各类院内培训活动，营造良好的学习氛围。鼓励有条件的地区利用远程教育教学手段开展培训工作。

第十条 新分配到乡镇卫生院从事临床工作的高、中等学校医学专业毕业生，要到县级及以上医疗卫生机构或具备条件的中心乡（镇）卫生院接受为期一年的以临床能力为主的培训，使其达到执业助理医师（或以上）水平。

第十一条 乡镇卫生院具有中级及以上专业技术职务的卫技人员，应按照卫生部、人事部《继续医学教育规定（试行）》的要求，参加和接受继续医学教育，不断更新知识，提高技能。其它卫技人员应参照上述规定，接受在职培训。

第十二条 在职培训要求：乡镇卫生院卫技人员应每5年至少到上级医疗卫生机构进修一次，时间不少于3个月，进修内容以提高临床能力、疾病预防控制能力和专项技术水平为主。乡镇卫生院卫技人员在职培训实行学分制，每人每年应达到20学分。学分授予的管理办法由各省级卫生行政部门制定。

第十三条 鼓励已经取得执业资格的乡镇卫生院卫技人员按照专业对口的原则，参加成人高等教育举办的医学类、相关医学类和药学类专业学历教育以及自学考试、远程教育举办的相关医学类、药学类专业学历教育。

第四章 培训经费

第十四条 乡镇卫生院卫技人员培训经费采取政府、单位、个人等多渠道筹集的办法。各级卫生行政部门应将培训经费纳入卫生事业经费预算，保证培训工作顺利开展。

第十五条 乡镇卫生院卫技人员参加培训期间享有与在岗人员的同等工资、福利待遇。

第十六条 面向乡镇卫生院卫技人员开展的培训活动不得以赢利为目的。

第五章 培训的登记与考核

第十七条 乡镇卫生院卫技人员培训实行登记制度。组织院外培训活动的单位应详细登记培训内容、形式和参加人的情况，为参加培训的人员颁发学习证明。院内培训活动及自学内容由所在乡镇卫生院负责登记和考核。

第十八条 培训考核以考核实际工作能力为重点，根据培训方式和内容采取笔试、口试、临床技能考核、临床审查指导等方法进行考核。

第十九条 县级卫生行政部门负责乡镇卫生院卫技人员培训的考核工作，每年进行一次。考核结果记入本人业务技术档案，将考核合格作为其年度考核、专业技术职务聘任、执业再注册的必备条件之一。

第二十条 将乡镇卫生院卫技人员培训工作情况作为考核乡镇

卫生院院长的内容之一。

第二十一条 地市级及以上卫生行政部门应定期对培训工作进行监督、检查、指导和评估，对表现突出、成绩显著的单位和个人给予表彰和奖励。

第六章 附 则

第二十二条 本办法由卫生部负责解释。

第二十三条 本办法自2004年7月1日起实施。

全国乡村医生教育规划（2011—2020年）

国家卫生计生委等5部门关于印发《全国乡村医生教育规划（2011—2020年）》的通知

国卫科教发〔2013〕26号

各省、自治区、直辖市卫生厅局（卫生计生委）、发展改革委、教育厅委，财政厅局、中医药局，新疆生产建设兵团卫生局、发展改革委、教育局、财务局：

为加强乡村医生队伍建设，深化医药卫生体制改革，更好地满足农村居民健康需求，我们组织制定了《全国乡村医生教育规划（2011—2020年）》，现印发给你们，请结合实际认真贯彻执行。

国家卫生计生委
国家发展改革委
教育部　财政部
国家中医药管理局
2013年10月18日

乡村医生（包括在村医疗卫生机构执业的执业助理医师、执业医师）是在农村基层从事一般诊疗和相关预防保健服务的卫生人员，是数亿农村居民身边的健康卫士。为贯彻落实《中共中央国务院关于深化医药卫生体制改革的意见》、《"十二五"期间深化医药卫生体制改革规划暨实施方案》、《卫生事业发展"十二五"规划》、《国务院办公厅关于巩固完善基本药物制度和基层运行新机制的意见》和《国务院办公厅关于进一步加强乡村医生队伍建设的指导意见》，加强乡村医生教育培养工作，完善村级医疗卫生服务，特制定本规划。

一、规划背景

国家高度重视乡村医生教育培养工作，2001年原卫生部颁布《2001—2010年全国乡村医生教育规划》以来，全国各地根据农村卫生工作实际，完善乡村医生教育，实行在岗培训和学历教育相结合，有力促进了乡村医生队伍建设。据统计和有关调查，截至2010年底，全国在村医疗卫生机构从事诊疗工作的卫生人员总人数达到120.5万人，平均每行政村2.0人，其中乡村医生103.2万人，执业（助理）医师17.3万人。与2000年相比，在村从事诊疗工作的卫生人员总数增加18.5万人，增长18.1%，平均每行政村增加0.6人，增长25.2%；其中，高职（专科）及以上学历者占总人数的比例由1.7%增至10%以上，中职（中专）学历者由26.3%增至约50%，执业（助理）医师占总人数的比例逐步提高，由2003年的8.6%增加到14.4%，实现了新的突破，为完善农村基层卫生服务提供了重要的人才保障。但是，乡村医生队伍总体学历低、执业（助理）医师少，整体素质和服务能力与农村居民健康需求相比还存在较大差距的状况尚未根本改变；乡村医生培训网络不健全，师资队伍薄弱，培训内容的针对性、培训方式的适宜性与乡村医生岗位需求相比还存在较大差距，乡村医生教育区域间发展不平衡的状况尚未根本改变；吸引人才、稳定人才、支撑教育培训有效实施等相关政策尚不完善，统筹城乡发展，促进城乡基本卫生服务公平，全面建成小康社会依然面临严峻挑战，这些问题亟待加以研究并采取有效措施逐步解决。

随着社会主义新农村建设的不断推进、医药卫生体制改革的日益深化和农村疾病流行模式的逐步改变，农村居民对乡村医生的整体素质寄予新的期待，农村卫生工作对乡村医生提出了更高要求。因此，立足国情，紧扣需求，尊重规律，制定实施全面建成小康社会阶段的乡村医生教育规划，强化素质能力培养培训，加快乡村医生队伍向执业（助理）医师转化，提高整体服务水平，逐步缩小城乡基层卫生服务水平的差距，已经成为当前和今后一段时期深化医改、加强农村卫生工作、推进新农村建设、保障和改善民生的一项重要而紧迫的任务，事关当前，惠及长远。

二、指导思想、基本原则和目标

（一）指导思想

全面贯彻落实科学发展观，加快实施人才强卫战略，紧紧围绕"保基本、强基层、建机制"要求，以服务需求为导向，以岗位职责为依据，以职业道德和能力建设为核心，以实用技能和全科医学基本知识为重点，大力开展以在岗培训为主要形式的继续医学教育，继续推进在岗乡村医生学历教育，不断提升后备人才受教育程度和专业水平，加快乡村医生队伍向执业（助理）医师转化，为筑牢农村医疗卫生服务"网底"、全面建成小康社会提供更好的人才支撑。

（二）基本原则

1. 政府主导，部门协同

强化政府责任，加强部门协同，鼓励和引导社会力量支持、参与，充分利用现有医学教育和卫生资源，整体推进乡村医生教育工作。

2. 统筹规划，分类指导

将乡村医生教育纳入卫生计生事业改革发展规划和教育规划，统筹各级各类乡村医生培养培训项目，协调实施。根据区域特点、乡村医生水平和实际需求，因地制宜，分类指导，注重实效。鼓励有条件的地区率先完成乡村医生队伍向执业（助理）医师的转化，促进符合条件的乡村医生注册为（助理）全科医师。

3. 规范管理，确保质量

认真执行国家有关法律法规及相关政策，严格乡村医生执业准入，提升后备人才质量，完善培养培训的激励与约束机制，加强乡村医生教育工作体系建设，强化培训过程管理和考核，保证质量。

（三）目标

1. 总体目标

到2020年，各省（区、市）建立健全与全面建成小康社会目标要求相适应的乡村医生教育培训制度，建立一支以中职（中专）及以上学历、执业（助理）医师为主体、整体素质基本满足村级卫生服务需求的合格乡村医生队伍，推动农村基层卫生服务绩效得到相应改善。

2. 具体目标

到2015年，各省（区、市）乡村医生继续医学教育总体上实现全覆盖，获取继续医学教育学分达标率达到80%（西部、边远地区达到70%），乡村医生普遍接受与岗位需求相适应的知识和技能培训，综合素质和服务能力明显提高。乡村医生力争60%具有中职（中专）及以上学历，其中高职（专科）及以上学历者明显增加；执业（助理）医师所占比重显著提高。

到2020年，各省（区、市）乡村医生继续医学教育总体上继续保持全覆盖，获取继续医学教育学分达标率达到90%。乡村医生继续普遍接受针对性的有效培训，综合素质和服务能力显著提高。大多数乡村医生具有中职（中专）及以上学历，其中高职（专科）及以上学历者占相当比例；乡村医生力争总体具有执业（助理）医师资格，基本实现乡村医生队伍向执业（助理）医师转化。

三、主要任务

（一）加大乡村医生教育力度

1. 加强乡村医生继续教育培训

以服务需求为导向，以岗位职责为依据，制定乡村医生培训指南，明确对乡村医生的基本要求，以乡村医生个人的素质能力为基础，通过自学、上级医师岗位指导、例会学习、集中培训、网上远程教育等多种适宜方式有针对性地实施培训,并加强培训效果考试考核与培训监测。端正医德医风,增强法制观念,以基本公共卫生服务和基本医疗综合培训为重点,强化公共卫生专业技能、临床实践技能以及全科医学知识和信息化技能培训,加强中医药知识和技能培训,掌握适宜技术、基本药物(包括增补药品)和计划生育生殖健康知识,遵循业务技术流程及相关规章制度,规范诊疗行为。

2. 建立并严格执行乡村医生定期在岗培训制度

县级卫生计生行政部门对在村卫生室执业的乡村医生每年免费培训不少于2次,累计培训时间不少于2周。对尚未取得执业(助理)医师资格的在岗乡村医生,可参照有关执业助理医师资格考试大纲设置培训内容,开展针对性强化培训,帮助其达到岗位要求。各省、市、县应当有计划地分期分批对乡村医生进行轮训,乡村医生原则上应当每3-5年到县级医疗卫生机构或有条件的中心卫生院脱产进修1次,进修时间原则上不少于1个月,内容以提高临床诊疗能力、公共卫生服务能力和专项技术水平为主。

3. 继续实施在岗乡村医生学历教育

鼓励符合条件的在岗乡村医生在中高等医学(卫生)院校(含中医药院校)接受医学学历教育,提高整体学历层次。有关医学(卫生)院校应当根据国家教育行政部门的规定以及乡村医生的特点,制定适宜的教学计划,并在教育、卫生计生行政部门的指导下,做好学历教育工作。省级卫生计生行政部门和有关院校应当建立在岗乡村医生在校学习信息管理数据库,对参加学习的乡村医生实行动态管理,促进医学学历教育与执业(助理)医师资格考试有效衔接。

4. 探索乡村医生后备人才培养模式

随着全面建成小康社会历史进程的推进,各地应不断完善吸引人才到农村、下基层、进村庄的有关经济、人事和卫生管理政策,适时适度提升对乡村医生后备人才教育培训的准入要求。鼓励医学院校毕业生到村卫生室工作并为其提供针对性培训，新进入乡村医生队伍的人员原则上至少应临床医学专业三年制专科毕业，到临床培训基地和基层实践基地接受2年全科实践技能培训，并取得助理全科医生资格。在暂不具备条件的农村地区，可接受农村医学专业中等医学教育，毕业后到临床培训基地和基层实践基地接受1年以上的实践技能培训，取得有关执业助理医师资格。各有关地方卫生计生行政部门应当会同教育部门结合实际制定规划和实施办法，从本地农村基层选拔综合素质好、具有培养潜质的青年后备人员，在有关医学院校定向培养，并组织指导有关医疗卫生机构做好毕业后培训，根据实际情况，也可选拔、招聘符合条件的医学毕业生直接接受毕业后培训，以缩短培养周期。有关医学院校和医疗卫生机构应当完善教学培训设计和实施，打好基本理论和专业知识基础，强化实践教学环节，突出基层临床和基本公共卫生服务能力培养，培育良好人文素质。

（二）加强乡村医生培训网络和师资队伍建设

依托医疗卫生机构建设项目，统筹考虑乡村医生培训需求，建立并完善以省市级医疗卫生机构为指导、县级医疗卫生机构为主体、乡镇卫生院为基层实践基地的乡村医生培训网络。加大政府投入，改善培训设施设备，充分利用和整合现有资源，完善管理信息系统，组织制订乡村医生培训教材，提高培训能力，规范培训管理。根据实际需要，有关医疗卫生机构应积极承担乡村医生培训任务，并纳入有关管理考核。充分发挥医学院校、行业组织在乡村医生教育培训工作中的积极作用。

选拔具有大专及以上学历，医德医风良好，有较高理论素养、教学能力和专业技能的中高级卫生技术人员作为乡村医生师资，有计划地开展师资培训，提高指导带教水平。注意发挥城市医疗卫生机构有关专业退休中高级卫生技术人员的作用。

(三) 促进乡村医生教育均衡发展

高度重视中西部地区、边远贫困地区、民族地区和革命老区的乡村医生教育工作，在政策、项目、资金、智力等方面实行倾斜，加大支持力度。卫生计生委委属委管医疗卫生机构和东部地区省级卫生计生行政部门要支持中西部地区乡村医生培训特别是师资队伍建设，鼓励高等医学院校、行业组织、社会力量积极参与，提高中西部地区乡村医生教育水平。省级和地市级卫生计生行政部门要在当地政府领导下和有关部门支持配合下，统筹资源、组织力量，加强本行政区域内薄弱地区的乡村医生教育工作，促进乡村医生教育均衡发展。县级卫生计生行政部门要着重加强本地经济文化落后、疾病防治任务重的边远村庄的乡村医生教育工作。

(四) 积极开展乡村医生教育研究

高度重视乡村医生教育的科学研究工作，针对乡村医生教育的重大问题，开展针对性的理论与实践研究，着重探讨乡村医生教育培训模式、政策制度、激励措施和成本效果，加深对乡村医生培养培训规律的认识，不断改进培训效果，提高乡村医生教育水平。

四、保障措施

(一) 加强组织领导

各级卫生计生及发展改革、教育、财政、中医药等部门要高度重视乡村医生教育工作，加强领导，强化协同，完善政策措施，分解目标任务，明确时间进度，指定专人负责，加大指导监督力度，严格考核，确保规划各项工作扎实推进、切实落实。

(二) 明确职责分工

国家卫生计生委会同发展改革、教育、财政、中医药局等有关部门制定全国乡村医生教育总体规划，出台相关政策，对全国乡村医生教育工作进行宏观指导和管理。省级卫生计生行政部门负责辖区乡村医生教育的组织实施和监督管理，并会同有关部门制定本地乡村医生教育规划，以教育培训效果为导向，细化实化优化相关政策措施，指导各地市的乡村医生教育工作。地市级以及县级卫生计生行政部门会同有关部门根据本规划精神和上级有关规定，制定具体办法，并切实抓好贯彻落实，确保取得预期成效。

（三）保障经费投入

探索符合乡村医生教育实际的筹资机制，乡村医生教育经费可采取政府主导、多方筹集和个人负担的办法解决。对政府及其主管部门按规划组织的乡村医生在岗培训，所需资金由同级财政预算安排，不得向乡村医生收取费用。鼓励在岗乡村医生参加学历教育，同级财政可适当予以补助。落实各项支持政策，加大对乡村医生后备人才培养的支持力度。中央财政通过现有渠道继续对中西部地区乡村医生教育培训经费予以支持。建立培训绩效考核机制，考核结果与资金拨付挂钩。鼓励和引导社会力量以多种方式支持、参与乡村医生教育工作。

（四）健全工作机制

各级卫生计生行政部门应当健全乡村医生培训激励机制，把乡村医生培训纳入继续医学教育管理，将参培过程及培训结果作为乡村医生考核、聘用、执业再注册及政府补助的重要依据。健全培训统筹与协调管理机制，整合培训项目和培训内容，避免重复培训，严格培训过程管理，保证培训效果。健全培训支持机制，将城乡对口支援、上下级医疗卫生机构对口帮扶与乡村医生培训相结合，着重支援培训任务重、人员紧缺的村卫生室。健全督导评估机制，开展规划实施的中期评估、期末评估和定期不定期的督导检查，检查评估结果将予以通报。

（五）强化绩效考核

国家卫生计生委会同有关部门对各省（区、市）乡村医生教育培训组织管理、经费保障与使用、培训实施以及目标任务完成等情况进行监测、督导和考核，考核结果与中央财政补助资金挂钩。加强对培训基地的考核，将基础设施、基本条件、教学管理、师资水平、培训质量及学员满意度作为考核的重要内容,引入购买服务机制,将考核要求纳入有关医疗卫生机构目标管理与绩效考核内容,增强培训机构做好培训工作、确保培训质量的积极性和主动性。进一步完善乡村医生参加教育培训的激励约束机制,对乡村医生参培过程及培训结果进行考核,考核结果与国家各项补助挂钩,与乡村医生执业资格管理挂钩,推动乡村医生由"要我学"向"我要学"转变。

(六)严格执业准入

乡村医生必须具有乡村医生执业证书或执业(助理)医师资格证书,依法在县级卫生计生行政部门注册并获得相关执业许可。县级卫生计生行政部门应当严格准入管理,新进入村卫生室从事预防、保健和医疗服务的人员原则上应当具备执业助理医师及以上资格,并逐步提升对受教育程度的要求。鼓励符合条件的乡村医生积极参加执业医师资格考试、执业助理医师资格考试,取得相应资格,以适应全面建成小康社会卫生事业发展需要和农村居民健康需求。

村卫生室管理办法（试行）

关于印发《村卫生室管理办法（试行）》的通知

国卫基层发〔2014〕33号

各省、自治区、直辖市卫生计生委（卫生厅局、人口计生委）、发展改革委、教育厅（教委）、财政厅局、中医药局：

为贯彻落实深化医药卫生体制改革精神，进一步加强村卫生室管理，更好地为农村居民提供基本医疗卫生服务，我们制定了《村卫生室管理办法（试行）》（可从国家卫生和计划生育委员会网站下载）。现印发给你们，请遵照执行。

国家卫生计生委

国家发展改革委

中华人民共和国教育部

中华人民共和国财政部

国家中医药管理局

2014年6月3日

第一章 总　则

第一条 为加强村卫生室管理，明确村卫生室功能定位和服务范围，保障农村居民获得公共卫生和基本医疗服务，根据《执业医师法》、《医疗机构管理条例》、《乡村医生从业管理条例》、《中医药条例》等有关法律法规，制定本办法。

第二条 本办法适用于经县级卫生计生行政部门设置审批和执业登记，依法取得《医疗机构执业许可证》，并在行政村设置的卫生室（所、站）。

第三条 本办法所指村卫生室人员，包括在村卫生室执业的执业医师、执业助理医师（含乡镇执业助理医师）、乡村医生和护士等人员。

第四条 村卫生室是农村公共服务体系的重要组成部分，是农村医疗卫生服务体系的基础。各地要采取公建民营、政府补助等方式，支持村卫生室房屋建设、设备购置和正常运转。

第五条 国家卫生计生委会同国家发展改革委、财政部指导各地制订村卫生室的设置规划，并负责全国村卫生室的监督管理等工作。

省、市级卫生计生行政部门会同同级发展改革、财政等部门制订本行政区域内村卫生室的设置规划，并负责本行政区域内村卫生室的监督管理等工作。

县级卫生计生行政部门合理规划村卫生室设置，负责本行政区域内村卫生室的设置审批、执业登记、监督管理等工作。

第六条 稳妥推进乡村卫生服务一体化管理，县级以上地方卫生计生行政部门在机构设置规划与建设、人员准入与执业管理、业务、药械和绩效考核等方面加强对村卫生室的规范管理。

第二章 功能任务

第七条 村卫生室承担与其功能相适应的公共卫生服务、基本医疗服务和上级卫生计生行政部门交办的其他工作。

第八条 村卫生室承担行政村的健康教育、预防保健等公共卫生服务，主要包括：

（一）承担、参与或协助开展基本公共卫生服务；

（二）参与或协助专业公共卫生机构落实重大公共卫生服务；

（三）县级以上卫生计生行政部门布置的其他公共卫生任务。

第九条 村卫生室提供的基本医疗服务主要包括：

（一）疾病的初步诊查和常见病、多发病的基本诊疗以及康复指导、护理服务；

（二）危急重症病人的初步现场急救和转诊服务；

（三）传染病和疑似传染病人的转诊；

（四）县级以上卫生计生行政部门规定的其他基本医疗服务。

除为挽救患者生命而实施的急救性外科止血、小伤口处置外，村卫生室原则上不得提供以下服务：

（一）手术、住院和分娩服务；

（二）与其功能不相适应的医疗服务；

（三）县级以上地方卫生计生行政部门明确规定不得从事的其他医疗服务。

第十条 村卫生室承担卫生计生行政部门交办的卫生计生政策和知识宣传，信息收集上报，协助开展新型农村合作医疗政策宣传和筹资等工作。

第十一条 村卫生室应当提供与其功能相适应的中医药（民族医药）服务及计生药具药品服务。

第三章 机构设置与审批

第十二条 村卫生室设置应当遵循以下基本原则：

（一）符合当地区域卫生规划、医疗机构设置规划和新农村建设规划；

（二）统筹考虑当地经济社会发展水平、农村居民卫生服务需求、服务人口、地理交通条件等因素，方便群众就医；

（三）综合利用农村卫生资源，优化卫生资源配置；

（四）符合《医疗机构管理条例》及实施细则的有关规定，达到《医疗机构基本标准》要求。

第十三条 原则上一个行政村设置一所村卫生室，人口较多或者居住分散的行政村可酌情增设；人口较少或面积较小的行政村，可与相邻行政村联合设置村卫生室。乡镇卫生院所在地的行政村原则上可不设村卫生室。

第十四条 县级卫生计生行政部门依据国家有关法律法规办理村卫生室的设置审批和执业登记等有关事项。

第十五条 村卫生室登记的诊疗科目为预防保健科、全科医疗科和中医科（民族医学科）。村卫生室原则上不得登记其他诊疗科目。

第十六条 村卫生室的命名原则是：乡镇名+行政村名+卫生室（所、站）。如一个行政村设立多个村卫生室，可在村卫生室前增加识别名。村卫生室不得使用或加挂其他类别医疗机构的名称。

第十七条 村卫生室房屋建设规模不低于60平方米，服务人口多的应当适当调增建筑面积。村卫生室至少设有诊室、治疗室、公共卫生室和药房。经县级卫生计生行政部门核准，开展静脉给药服务项目的增设观察室，根据需要设立值班室，鼓励有条件的设立康复室。

村卫生室不得设置手术室、制剂室、产房和住院病床。

第十八条 村卫生室设备配置要按照满足农村居民基本医疗卫生服务需求的原则，根据省级以上卫生计生行政部门有关规定予以配备。

第十九条 村卫生室应当按照医疗机构校验管理的相关规定定期向登记机关申请校验。

第四章 人员配备与管理

第二十条 根据辖区服务人口、农村居民医疗卫生服务现状和预期需求以及地理条件等因素，原则上按照每千服务人口不低于1名的比例配备村卫生室人员。具体标准由省级卫生计生行政部门制订。

第二十一条 在村卫生室从事预防、保健和医疗服务的人员应当依法取得相应的执业资格。

第二十二条 政府举办的村卫生室要按照公开、公平、择优的原则，聘用职业道德好和业务能力强的人员到村卫生室执业。鼓励有条件的地方由乡镇卫生院派驻医师到村卫生室执业。

第二十三条 建立村卫生室人员培训制度。省级卫生计生行政部门组织制订村卫生室人员培训规划。县级卫生计生行政部门采取临床进修、集中培训、远程教育、对口帮扶等多种方式，保证村卫生室人员每年至少接受两次免费岗位技能培训，累计培训时间不低于两周，培训内容应当与村卫生室日常工作相适应。

第二十四条 鼓励在岗村卫生室人员接受医学学历继续教育，促进乡村医生向执业（助理）医师转化。有条件的地方要制订优惠政策，吸引执业（助理）医师和取得相应执业资格的医学类专业毕业生到村卫生室工作，并对其进行业务培训。

第二十五条 探索乡村医生后备人才培养模式。地方卫生计生、教育行政部门要结合实际,从本地选拔综合素质好、具有培养潜质的青年后备人员到医学院校定向培养,也可选拔、招聘符合条件的医学类专业毕业生直接接受毕业后培训,取得相应执业资格后到村卫生室执业。

第二十六条 村卫生室人员要加强医德医风建设,严格遵守医务人员医德规范和医疗机构从业人员行为规范。

第二十七条 村卫生室要有明显禁烟标识,室内禁止吸烟。服务标识规范、醒目,就医环境美化、绿化、整洁、温馨。村卫生室人员着装规范,主动、热情、周到、文明服务。

第二十八条 县级卫生计生行政部门组织或委托乡镇卫生院对村卫生室实行定期绩效考核。考核结果作为相应的财政补助资金发放、人员奖惩和村卫生室人员执业再注册的依据。

第二十九条 结合养老保险制度的建立健全和村卫生室人员考核工作的开展,地方卫生计生行政部门逐步建立村卫生室人员的到龄退出和考核不合格退出机制。

第五章 业务管理

第三十条 村卫生室及其医务人员应当严格遵守国家有关法律、法规、规章,严格执行诊疗规范、操作规程等技术规范,加强医疗质量与安全管理。

第三十一条 县级卫生计生行政部门建立健全村卫生室的医疗质量管理、医疗安全、人员岗位责任、定期在岗培训、门诊登记、法定传染病疫情报告、食源性疾病或疑似病例信息报告、医疗废物管理、医源性感染管理、免疫规划工作管理、严重精神障碍患者服务管理、妇幼保健工作管理以及财务、药品、档案、信息管理等有关规章制度。

第三十二条 村卫生室在许可的执业范围内,使用适宜技术、适宜设备和按规定配备使用的基本药物为农村居民提供基本医疗卫生服务，不得超范围执业。鼓励村卫生室人员学习中医药知识，运用中医药技术和方法防治疾病。

第三十三条　纳入基本药物制度实施范围内的村卫生室按照规定配备和使用基本药物，实施基本药物集中采购和零差率销售。村卫生室建立真实完整的药品购销、验收记录。

第三十四条　村卫生室必须同时具备以下条件，并经县级卫生计生行政部门核准后方可提供静脉给药服务：

（一）具备独立的静脉给药观察室及观察床；

（二）配备常用的抢救药品、设备及供氧设施；

（三）具备静脉药品配置的条件；

（四）开展静脉给药服务的村卫生室人员应当具备预防和处理输液反应的救护措施和急救能力；

（五）开展抗菌药物静脉给药业务的，应当符合抗菌药物临床应用相关规定。

第三十五条　按照预防接种工作规范和国家有关规定，由县级卫生计生行政部门指定为预防接种单位的村卫生室必须具备以下条件：

（一）村卫生室人员经过县级卫生计生行政部门组织的预防接种专业培训并考核合格；

（二）具有符合疫苗储存、运输管理规范的冷藏设施、设备和冷藏保管制度；

（三）自觉接受所在地县级疾病预防控制机构的技术指导，所在地乡镇卫生院的督导、人员培训和对冷链设备使用管理的指导。

第三十六条　建立健全例会制度，乡镇卫生院每月至少组织辖区内村卫生室人员召开一次例会，包括以下内容：

（一）村卫生室人员汇报本村卫生室上月基本医疗和公共卫生

工作情况，报送相关信息报表，提出工作中遇到的问题和合理化建议；

（二）乡镇卫生院汇总各村卫生室工作情况，对村卫生室人员反映的问题予以协调解决，必要时向县级卫生计生行政部门报告；

（三）乡镇卫生院对村卫生室人员开展业务和卫生政策等方面的培训；

（四）乡镇卫生院传达有关卫生政策，并部署当月工作。

第三十七条　村卫生室医疗废物、污水处理设施应当符合《医疗废物管理条例》等有关规定。

第三十八条　加强村卫生室信息化建设，支持村卫生室以信息化技术管理农村居民健康档案、接受远程医学教育、开展远程医疗咨询、进行医院感染暴发信息报告、开展新型农村合作医疗医药费用即时结报、实行乡镇卫生院和村卫生室统一的电子票据和处方笺等工作。

第三十九条　村卫生室与村计生专干、乡镇卫生院、乡镇计生办之间要及时通报人口出生、妊娠、避孕等个案信息。

第六章　财务管理

第四十条　在乡镇卫生院指导下，村卫生室应当做好医疗业务收支记录以及资产登记等工作。

第四十一条　在不增加农村居民个人负担的基础上，省级卫生计生行政部门要会同财政、物价等部门，合理制订村卫生室的一般诊疗费标准以及新型农村合作医疗支付标准和管理办法。

第四十二条　村卫生室要主动公开医疗服务和药品收费项目及价格，并将药品品种和购销价格在村卫生室醒目位置进行公示，做到收费有单据、账目有记录、支出有凭证。

第七章 保障措施

第四十三条 不得挤占、截留或挪用村卫生室补偿经费和建设资金，确保专款专用。严禁任何部门以任何名义向村卫生室收取、摊派国家规定之外的费用。

第四十四条 建立健全村卫生室补偿机制和绩效考核制度，保证村卫生室人员的合理待遇：

（一）县级卫生计生行政部门要明确应当由村卫生室提供的基本公共卫生服务具体内容，并合理核定其任务量，考核后按其实际工作量，通过政府购买服务的方式将相应的基本公共卫生服务经费拨付给村卫生室；

（二）将符合条件的村卫生室纳入新型农村合作医疗定点医疗机构管理，并将村卫生室收取的一般诊疗费和使用的基本药物纳入新型农村合作医疗支付范围；

（三）村卫生室实行基本药物制度后，各地要采取专项补助的方式对村卫生室人员给予定额补偿，补助水平与对当地村干部的补助水平相衔接，具体补偿政策由各省（区、市）结合实际制订；

（四）鼓励各地提高对服务年限长和在偏远、条件艰苦地区执业的村卫生室人员的补助水平。

上述经费应当在每年年初预拨一定比例，绩效考核合格后结算。

第四十五条 各地应当在房屋建设、设备购置、配套设施等方面对村卫生室建设给予支持。由政府或集体建设的村卫生室，建设用地应当由当地政府无偿划拨，村卫生室建成后由村委会或政府举办的乡镇卫生院管理。

第四十六条 支持村卫生室人员按规定参加城乡居民社会养老保险，按规定领取养老金。鼓励有条件的地方采取多种方式适当提高村卫生室人员养老待遇。

第四十七条 各地要将完善村卫生室基础设施建设、公共卫生服务经费和村卫生室人员实施国家基本药物制度补助等方面所需资金纳入财政年度预算,并确保及时足额拨付到位。

第八章 附 则

第四十八条 村卫生室及其医务人员在执业活动中作出突出贡献的,县级及以上卫生计生行政部门应当给予奖励。

第四十九条 村卫生室及其医务人员违反国家法律法规及本办法的,卫生计生行政部门应当依据有关法律法规予以处理。

第五十条 各省、自治区、直辖市卫生计生行政部门根据本办法,制订实施细则。

第五十一条 本办法由国家卫生计生委会同国家发展改革委、教育部、财政部、国家中医药局负责解释。

第五十二条 本办法自印发之日起施行。

附 录

中央预算内专项资金（国债）
村卫生室建设指导意见

关于印发《中央预算内专项资金（国债）
村卫生室建设指导意见》的通知
卫办规财发〔2007〕138号

有关省、自治区、直辖市卫生厅局、发展改革委，新疆生产建设兵团卫生局、发展改革委，黑龙江省农垦总局卫生局、发展改革委：

  为指导各地做好中央预算内专项资金（国债）村卫生室建设工作，合理确定建设规模和标准，满足村卫生室基本功能需要，发挥资金最大的投资效益，我们制定了《中央预算内专项资金（国债）项目村卫生室建设指导意见指导》。现印发给你们，请各地结合本地实际情况参照执行。

卫生部办公厅
国家发展和改革委员会办公厅
二〇〇七年七月二十四日

一、总则

第一条 为加强中央预算内专项资金（国债）村卫生室建设项

目的管理，合理确定建设规模和标准，满足村卫生室基本功能需要，发挥资金最大的投资效益，特制定中央预算内专项资金（国债）项目村卫生室建设指导意见（以下简称指导意见）。

第二条 建设的总体目标是：通过中央专项资金支持偏远、民族、边境、贫困及重大传染病和地方病流行地区村卫生室建设，引导各地加大投入，深化改革，健全村级卫生服务机构，提高农村卫生服务能力。

第三条 指导意见所称建设项目，是指经项目省（自治区、直辖市）发改委、卫生厅局列入中央预算内专项资金（国债）村卫生室建设计划的项目。

第四条 中央专项资金用于村卫生室房屋建设，设备配置由省级政府负责落实。

二、村卫生室功能

第五条 承担规定的疾病预防、妇幼保健、健康教育、残疾人康复等工作，提供常见病、多发病的一般诊治和转诊服务。

三、建设原则

第六条 一个行政村只建设一所村卫生室，乡镇卫生院所在村原则上不支持建设卫生室。各地可因地制宜，邻近行政村共建一所村卫生室。

第七条 村卫生室建设项目根据本指导意见，做到规模适度、功能适用、装备适宜、经济合理。

第八条 中央专项资金用于支持建设符合安排范围内的部分行政村卫生室，其中优先安排尚无医疗点的行政村村卫生室建设。

四、安排范围

第九条 中央专项资金支持范围为少数偏远地区、民族地区、边境地区和贫困地区，以及重大传染病和地方病流行地区的行政村卫生室建设。

五、房屋建设与设备配置标准

第十条 房屋建设标准：每所村卫生室按不超过60平方米建设，不设病床。

第十一条 村卫生室根据实际需要，参照下表选择装备。

村卫生室设备配置品目

序号	基本设备	序号	基本设备
1	听诊器	8	便携式高压消毒锅（带压力表）
2	血压计	9	清创缝合包
3	体温计	10	出诊箱
4	吸痰器	11	治疗盘
5	简易呼吸器	12	冷藏包（箱）
6	生物显微镜	13	至少50支各种规格一次性注射器
7	身高体重计	14	医用储槽
15	有盖方盘	25	桌椅
16	氧气包	26	健康宣传版
17	开口器	27	担架
18	压舌板	28	处置台
19	止血带	29	有盖污物桶
20	诊查床	30	输液架
21	观察床	31	地站灯
22	无菌柜	32	手电筒
23	健康档案柜	33	应急照明设施
24	中、西药品柜		

六、建筑要求

第十二条 村卫生室建设应贯彻适用、经济、美观的原则。

第十三条 按诊断、治疗和储药功能分开设置。

第十四条 房屋建设应考虑满足耐久、防火、抗震、建筑节能等方面的基本要求。

农村乡镇卫生、卫生防疫、妇幼保健设施建设项目管理试行办法

(1991年11月15日国家计委、卫生部发布)

为贯彻落实国家十年规划和"八五"计划，加强卫生工作中预防保健和农村卫生两个战略重点，力争在我国农村实现"2000年人人享有初级卫生保健"规划目标的低限标准，国家决定在"八五"期间设立农村卫生和预防保健两项专项投资，以增强地方各级政府对卫生的投入，从而达到切实加强农村基层卫生、防疫和妇幼保健工作的目的。

一、专项补助投资的使用方向及安排原则

"八五"和今后十年，我国卫生工作的重点在农村。农村卫生工作做得好坏，特别是经济和社会事业发展水平不高的"老少边穷"地区的农村卫生工作做得好坏，是关系到我国能否实现"2000年人人享有初级卫生保健"规划目标低限标准的关键。因此，这两项专款主要用于县以下乡镇卫生院、中心乡镇卫生院和县级（含县级市）卫生防疫站、妇幼保健所等设施的建设。其安排原则是：

1. 乡镇卫生、卫生防疫、妇幼保健设施建设的资金，以地方投入为主，中央投资起引导和加强的作用。

2. 对经济、社会发展比较落后的"老少边穷"地区在投资安排上给予重点支持。对经济条件较好或乡镇卫生院、卫生防疫、妇幼保健设施建设已经基本完成的地区，原则上不再安排中央投资。

3. 中央投资及地方各级政府用于乡镇卫生院、卫生防疫站和妇幼保健设施的建设资金，应根据乡镇卫生院、县级卫生防疫和妇幼保健机构所承担的任务，按照国家规定的建设标准合理安排和使用。要立足于现有设施的改、扩建，填平补齐。严格控制新建或翻

建的规模和标准。

4. 建设项目的选择要优先考虑领导班子健全，管理制度完善，各项工作开展较好，技术人员数量可满足需要而且素质较高，但在业务用房和装备方面条件较差的单位。

5. 中央对各省、自治区、直辖市和计划单列市的补助投资实行项目管理。每个省、自治区、直辖市和计划单列市为一个项目单位，项目的实施、监督、评估一律以省、直辖市和计划单列市为单位。

二、项目省（区、市）的必备条件

1. 地方政府重视乡镇卫生、卫生防疫、妇幼保健机构的建设，已把加强农村卫生、卫生防疫、妇幼保健工作纳入了政府工作计划，并设立了相应的建设基金。

2. 按照要求及时制定出农村乡镇卫生院、防疫站和妇幼保健所建设的"八五"规划和项目实施计划，目标明确，规划具体，措施得力，资金落实。

3. 各省、自治区、直辖市和计划单列市要成立由卫生厅（局）分管计财工作的厅（局）长及计财、医政、防疫、妇幼等有关同志和同级计划等有关部门的同志组成的乡镇卫生院、卫生防疫站、妇幼保健所建设项目领导小组。

三、工作程序

1. 由各省、自治区、直辖市和计划单列市计委、卫生厅（局）根据要求共同制订农村乡镇卫生院、防疫站和妇幼保健所建设的"八五"规划及项目建议书，报国家计委和卫生部。

2. 由国家计委、卫生部审核"八五"规划及项目建议书，并据此确立项目省（区、市）。

3. 各省、自治区、直辖市和计划单列市计委、卫生厅（局），根据"八五"计划提出分年度的执行计划，国家计委和卫生部制定中央补助投资的年度分配方案并下达到各省（区、市）计委和卫生厅（局）执行。

4. 农村乡镇卫生、卫生防疫和妇幼保健建设项目的审批按现行基本建设程序办理。

5. 为了加强管理，卫生部要与项目省（区、市）的卫生厅（局）签订年度计划的责任议定书。

四、项目目标

经过五年的建设，争取于 1995 年在全国百分之五十的乡镇卫生院，百分之五十的县级卫生防疫站和县级妇幼保健所（不包括已改造完的乡镇卫生院，卫生防疫站和妇幼保健所）完成改造任务，实现房屋、设备、人员、技术、管理五配套。

五、项目实施、监督和评价

各省、自治区、直辖市和计划单列市的项目领导小组负责监督项目的实施和配套投资的落实。定期检查工程质量和工作进度。

子项目完成后，由项目领导小组和有关部门进行评价验收，主要检查以下几个方面：

1. 房屋是否符合建设标准，布局是否符合功能要求；

2. 必备的仪器设备是否装备齐全、完好率、使用率如何；

3. 卫技人员能否对常见病进行正确的诊断和治疗；

4. 初级卫生保健实施计划是否落实，是否按规划达标，卫生防疫和妇幼保健任务能否完成；

5. 配套资金是否落实，工程的面积、标准、造价、质量、工期等是否按要求完成。

各省、自治区、直辖市和计划单列市的领导小组要在次年二月底之前报告上一年度的项目执行情况。国家计委和卫生部将组织评审组于每年十二月至次年二月对项目省（区、市）年度计划内百分之十的项目进行随机抽查和评估。对计划执行好的省（区、市）将根据下年度的计划继续给予补助投资。对未按项目计划执行的省（区、市），将调减或停止其下年度补助投资。

农村偏远地区药柜设置规定（试行）

关于印发农村偏远地区药柜设置规定（试行）的通知
国食药监市〔2006〕176号

各省、自治区、直辖市食品药品监督管理局（药品监督管理局）：

为了贯彻党中央建设社会主义新农村的精神，推动农村药品"两网"建设的发展，方便偏远地区农民用药，国家局组织制定了《农村偏远地区药柜设置规定（试行）》，现印发给你们，请遵照执行。

各省（区、市）食品药品监督管理部门要按照规定的要求，加强管理，并将实施过程中的问题及时上报国家局。

国家食品药品监督管理局
二〇〇六年四月三十日

一、为贯彻党中央建设社会主义新农村的精神，推动农村药品"两网"建设的发展，方便农村偏远地区农民用药，根据《药品管理法》等法律、法规，制定本规定。

二、本规定适用于没有卫生医疗机构及零售药店的农村偏远地区村级药柜的申办及监督管理。

三、药柜是指以保证村民用药安全、及时方便为宗旨，由有配送能力的药品批发企业、零售连锁企业及设在乡镇的药品零售企业，作为药品经营活动的延伸，在村设置的药品销售点。药品零售企业限于所在乡镇行政区域内的村申请设置药柜。

四、药品经营企业设置的药柜经营的品种原则上限于非处方药，品种目录由地市（县）级食品药品监督管理部门根据当地实际情况制定，并报省、自治区、直辖市食品药品监督管理部门备案。

五、省、自治区、直辖市食品药品监督管理部门负责本规定实施的组织及监督。

六、设置药柜的条件

1. 具有保证所经营药品质量的规章制度。

2. 药柜经营人员必须具有初中以上（含初中）文化程度，经上岗培训考核合格，健康状况符合经营药品的有关要求。

3. 药柜放置及拆零销售设备应清洁卫生。外用、内服药相对分开，不得将药柜与有毒、有污染的物质设置在同一场所内。

4. 具有保证所陈列药品质量的相应条件和措施。

七、省、自治区、直辖市食品药品监督管理部门根据设置药柜的条件及本行政区域实际制定《药柜验收实施标准》。

八、申请设置药柜

1. 由申办企业向县级食品药品监督管理部门提出申请，并同时提交以下资料：

（1）拟设置药柜的企业和药柜地址及其负责人情况；

（2）药柜经营人员初中或初中以上毕业证原件及复印件；

（3）拟经营的药品品种。

2. 县级食品药品监督管理部门对所报材料进行审查，及时做出是否同意筹办的决定。

3. 申办单位在完成筹办工作后，向县级食品药品监督管理部门提出验收申请，并提交以下材料：

（1）开办药柜申请表（内容包括设置药柜的企业及药柜名称、地址及其负责人、药品经营人员名单、设施设备情况、场地环境卫生状况等）；

（2）药品经营企业药柜质量管理文件及设施、设备目录；

(3) 药柜经营人员经培训合格的上岗证原件及复印件。

4. 受理申请的食品药品监督管理部门在收到验收申请之日起 15 个工作日内组织现场验收,做出是否批准的决定。准予批准的,应报申请企业的《药品经营许可证》发证部门,在企业《药品经营许可证》副本上加注。不符合条件不予批准的,应当书面通知申办人并说明理由。

同时,告知申办人享有依法申请行政复议或提起行政诉讼的权利。

九、药品经营企业对所设置的药柜应当实行统一管理并承担药品质量责任。药柜所经营的药品必须由设置药柜的药品经营企业统一配送,药柜经营人员不得自主进货。设置药柜的药品经营企业应执行药柜质量管理文件对药柜经营人员进行相应的药学及药品管理法律法规知识培训,以保障消费者用药安全。

十、食品药品监督管理部门负责对药柜经营行为进行日常监督检查。

十一、省、自治区、直辖市食品药品监督管理部门可以根据农村药品供应实际情况决定是否需要在本行政区域内设置药柜,也可根据实际情况调整设置标准。

咸阳市村卫生室和乡村医生管理办法（试行）

咸政办发〔2016〕61号

第一章 总 则

第一条 为加强村卫生室管理，推进乡村医生队伍建设，更好地为农村居民提供基本医疗和公共卫生服务，根据《执业医师法》、《医疗机构管理条例》、《乡村医生从业管理条例》、《中医药条例》、《护士条例》等法律法规和《国家卫生计生委 国家发展改革委 教育部 财政部 国家中医药管理局印发的〈村卫生室管理办法（试行）〉（国卫基层发〔2014〕33号）》、《陕西省人民政府办公厅关于全面推进乡村医生队伍建设实施意见》（陕政办发〔2015〕87号）相关政策，制定本办法。

第二条 村卫生室是农村公共服务体系的重要组成部分，是农村三级医疗卫生服务体系的网底，是村级公益性医疗卫生机构。乡村医生（包括在村卫生室执业的执业医师、执业助理医师，下同）是农村医疗卫生服务的组成部分，是发展农村医疗卫生事业、保障农村居民健康的重要力量。

第三条 本办法适用于经县级卫生计生行政部门设置审批和执业注册登记，依法取得《医疗机构执业许可证》，在行政村设置的卫生室及在村卫生室执业的乡村医生。

第二章 功能任务

第四条 在县级及以上专业公共卫生机构和乡镇卫生院的指导下，按照服务标准和规范开展基本公共卫生服务项目，承担与其功能相适应的公共卫生服务、基本医疗服务和上级卫生计生行政部门交办的其他工作。

第五条 村卫生室提供的基本医疗服务主要包括：1、疾病的初步诊查和常见病、多发病的基本诊疗以及康复指导、护理服务；2、危急重症病人的初步现场急救和转诊服务；3、传染病和疑似传染病人的转诊；4、县级以上卫生计生行政部门规定的其他基本医疗服务。

第六条 村卫生室承担健康教育、预防保健等公共卫生服务，主要包括：1、承担、参与或协助开展基本公共卫生服务；2、参与或协助专业公共卫生机构落实重大公共卫生服务；3、县级及以上卫生计生行政部门布置的其他公共卫生任务。

第七条 村卫生室受卫生计生行政部门委托填写统计报表，按时完成疫情、出生、残疾、死亡等卫生统计信息的记录、收集、整理、上报工作，保管有关工作资料；协助开展新型农村合作医疗政策宣传和筹资等工作，开展新型农村合作医疗门诊统筹服务工作；承担卫生计生行政部门交办的卫生计生政策宣传和技术指导；协助开展村级爱国卫生运动，积极推进农村居民健康教育行动，宣传普及卫生计生科普知识，改善农村人居环境。

第八条 村卫生室应当提供与其功能相适应的中医药（民族医药）服务及计生药具药品服务。

第九条 村卫生室均为打击非法行医监测哨点，承担打击非法行医监督协管工作任务。

第十条 稳妥推进镇村卫生服务一体化管理，县级卫生计生行政部门在机构设置规划与建设、人员准入与执业管理、业务、药械、财务和绩效考核等方面加强对村卫生室的规范管理。

第三章 设置与建设

第十一条 市级卫生计生行政部门会同发展改革、财政等部门制定本行政区域内村卫生室的设置规划，并负责本行政区域内村卫生室的监督管理等工作。

第十二条 县级卫生计生行政部门合理规划村卫生室设置，负责本行政区域内村卫生室的设置审批、执业登记、监督管理等工作。

第十三条 村卫生室设置应当遵循以下基本原则：

（一）符合当地区域卫生规划、医疗机构设置规划和新农村建设规划。

（二）统筹考虑当地经济社会发展水平、农村居民卫生服务需求、服务人口、地理交通条件等因素，方便群众就医。

（三）综合利用农村卫生计生资源，优化卫生计生资源配置。

（四）符合《医疗机构管理条例》、《医疗机构管理条例实施细则》的有关规定，达到《医疗机构基本标准》要求。

（五）原则上一个行政村设置一所村卫生室，人口较多（3000人以上）或者居住分散（服务半径超过3公里）的行政村可酌情增设一所；人口较少或面积较小的行政村，可与相邻行政村联合设置村卫生室。乡镇卫生院所在地的行政村原则上可不设村卫生室。村卫生室的设置由行政村申请、镇卫生院审核上报、县级卫生计生行政部门批准、市级卫生计生行政部门备案。

第十四条 村卫生室可由村民委员会组织集体举办、村民委员会委托乡镇卫生院延伸设点、社会机构承办、乡村医生或有执业医师（助理）资格的个人承办等多种形式举办。村卫生室必须具备符合开展医疗卫生服务业务的专用房屋，应由取得乡村医生证书或有执业医师（助理）资格人员以卫生室负责人身份提出书面申请，经村民委员会推荐、卫生院审核上报、县级卫生计生行政部门审批，取得《医疗机构执业许可证》后，方可从事批准范围内的服务活动。

第十五条 村卫生室纳入乡镇卫生院管理体系，实行镇村卫生服务一体化管理。要合理引导村卫生室融入村级服务中心，采取

"公建民营、政府补助"等方式，实现村卫生室集体承办全覆盖。新增、改建村卫生室必须由集体承办，业务用房产权归属于村民委员会或卫生院所有。

第十六条 村卫生室登记的诊疗科目为预防保健科、全科医疗科，原则上不得登记其他诊疗科目；负责人为执业或助理医师的可申请增加登记与其《医师执业证》执业范围一致的诊疗科目。

第十七条 村卫生室的命名原则是：乡镇名+行政村名+卫生室。如一个行政村设立多个村卫生室，可在村卫生室前增加识别名。村卫生室不得使用或加挂其他类别医疗机构的名称。

第十八条 村卫生室业务用房建设

（一）村卫生室业务用房面积不少于60平方米。业务用房与生活用房严格分开，相对独立。对于人字形顶的房屋，要有硬性吊顶，吊顶要严密不漏尘。室内布局符合国家卫生学要求，门窗密封良好，环境整洁、安静、舒适。各室采光、通风、保暖条件要好。室内外墙面应刮灰刷白，地面应硬化隔潮。要按照《国家基本公共卫生服务规范》要求设置健康教育宣传栏，装饰美观。院落整洁、地面硬化、绿化、美化，有独立、符合卫生要求的无害化卫生厕所。

（二）分室设置。村卫生室至少应做到三室分设，即诊断室、治疗室、药房。经县级卫生计生行政部门核准，开展静脉给药服务项目的增设观察室，根据需要设立值班室，鼓励有条件的设立康复室。村卫生室不得设置手术室、制剂室、产房和住院病床。

（三）标识标牌要求。村卫生室的标识牌全省统一，标识、标识牌及制作要求见《陕西省卫生厅关于启用村卫生室标识标识牌的通知》。村卫生室的标识牌应标识规范的冠名，悬挂于卫生室大门的正上方或侧旁等醒目位置。室内标识牌冠名诊断室、治疗室、药房、观察室、值班室、康复室，为银色10×25cm合金，应悬挂于门的正上方或侧旁等醒目位置。规章制度牌、工作服、门帘、床单、处方、资料本册封面等，应统一在其适当位置设置村卫生室标识。室内禁止吸烟，且有禁烟标识。工作人员应挂牌服务。

第十九条　村卫生室应配备基本设备与物品：诊查床、诊查桌、诊查凳、出诊箱、听诊器、体温计、血压计、压舌板、处置台、有盖污物桶、至少50支各种规格注射器、纱布罐、有盖方盘、药品柜、紫外线灯、高压灭菌设备、身高体重计、氧气瓶（袋）、消毒缸、清创缝合包、无菌敷料槽、地站灯、输液架、观察床或输液椅、针灸器具、火罐、TDP神灯、资料柜、候诊椅、计算机、电话等，有与开展的诊疗科目相应的其他设备。村卫生室负责保管和使用政府配置的国有资产。

第二十条　村卫生室应当按照医疗机构校验管理的相关规定，每年向登记机关申请校验。不符合《医疗机构基本标准》的应给予一至六个月的暂缓校验期。暂缓校验期满仍不能通过校验的，由登记机关注销其《医疗机构执业许可证》。

第二十一条　村卫生室规范化建设达标验收及年审，由县级卫生计生行政部门负责，严格按照《陕西省规范化村卫生室验收标准》验收，每年统一组织实施。对验收及年审不合格的村卫生室，应限期整改，整改后仍然不达标的，应取消其规范化村卫生室资格，并报市卫生计生局备案。

第四章　人员配备

第二十二条　村卫生室乡村医生从业人数以行政村服务人口数为基础进行核定配置，服务人口在1000人以内的配置1名乡村医生；超过1000人的按照每千服务人口不少于1名的标准配置乡村医生。

第二十三条　村卫生室负责人应由具备执业资格且实际在村卫生室执业的乡村医生担任。

第二十四条　经县级人民政府批准后，县级卫生计生行政部门按照规定可在有条件的村卫生室配置护士或其他类别卫生人员。

第五章 乡村医生管理

第二十五条 县级卫生计生行政部门要根据卫生资源配置和区域卫生规划，加强乡村医生后备队伍建设，可根据需求选派人员进行定向培养，及时补充到村卫生室。鼓励各级医疗机构退休的执业（助理）医师到村卫生室工作。

第二十六条 乡村医生准入：

（一）合同制管理。乡村医生在不改变身份的前提下，由乡镇卫生院与其签订聘任合同，实行合同制管理，具体聘用办法由县级卫生计生行政部门制定。

（二）具备下列条件方可聘任为乡村医生：

1、依法取得执业医师、执业助理医师（含乡镇执业助理医师）或乡村医生资格且注册地点为所执业的村卫生室。

2、申请执业上岗的医疗机构为完成规范化建设达标的村卫生室。

3、职业道德良好，群众信任，身体健康，具备完成村卫生室相关业务工作的能力。

4、乡村医生年度综合考评合格（初次聘任本项忽略）。

5、符合《乡村医生从业管理条例》规定的其他条件。

（三）县级卫生计生行政部门可结合乡村医生岗位空缺情况及时、动态审批补充具备执业医师、执业助理医师资格人员从事乡村医生工作。补充的执业医师、执业助理医师资格人员应及时变更注册。

（四）优先聘用掌握中医适宜技术或者具备执业医师、执业助理医师资格的人员到乡村医生岗位执业。

（五）根据乡村医生补充需求实际情况，全市择期统一组织符合条件的医学类专业毕业生参加乡村医生执业资格考试，成绩合格后按规定程序从业上岗。县级卫生计生行政部门应统一组织对补充乡村医生进行岗前培训。

第二十七条 乡村医生职责：

1、自觉遵守国家法律、法规及有关规章制度，执行国家卫生方针政策，依法在村卫生室执业。

2、严格遵守医务人员医德规范和医疗机构从业人员行为规范，文明服务。

3、负责完成本办法"第二章村卫生室功能任务"中相关工作内容。按照本办法"第七章业务管理"要求开展业务工作。

4、积极参加各类业务培训活动，不断提高技术水平和服务能力，精益求精。

5、服从村委会相应行政管理，服从镇卫生院、村卫生室管理。

6、认真完成各级卫生计生行政部门安排的其他工作任务。

第二十八条 乡村医生工作考核：

县级卫生计生行政部门负责制定本地区乡村医生考核实施办法，由各镇卫生院定期组织考核。考核内容包括乡村医生提供的基本医疗和基本公共卫生服务的数量、质量、群众满意度以及技术服务能力、签约服务、参加培训和医德医风等情况。原则上每年考核不少于2次，考核结果要在乡镇卫生院和村卫生室公示，并作为乡村医生执业注册、聘用和财政补助的主要依据。

第二十九条 乡村医生执业考核：

县级卫生计生行政部门依照《乡村医生从业管理条例》负责组织本辖区乡村医生的执业考核工作。每2年应至少考核一次，并建立考核档案。考核合格后，方可继续执业。连续两次考核不合格的乡村医生，由县级卫生计生行政部门注销执业注册并报市级卫生计生行政部门备案。

第三十条 乡村医生信息化管理：

县级卫生计生行政部门负责乡村医生岗位年度审定工作，对经审批进入村卫生室工作的乡村医生进行信息化管理，建立乡村医生信息数据库，依托咸阳市乡村医生管理平台实施管理。

1、信息采集内容：将乡村医生基本信息（姓名、性别、身份证号、学历、执业地点、联系方式、证书号、服务人口）、近期免冠电子照片、服务重点人群信息、补助信息（基本医疗服务补助、基本公共卫生服务补助）等统一纳入平台进行信息化管理。

2、信息数据更新：县区卫生计生行政部门根据乡村医生调整情况及时更新乡村医生信息库。每年第一季度末，由县区卫生计生行政部门根据村卫生室年审、乡村医生岗位核定情况更新数据库。

3、乡村医生管理平台功能和内容：①信息化、规范化、数据化、动态化管理乡村医生队伍，实现市县镇三级信息共享；②便于各级卫生计生行政部门依法监督乡村医生执业行为；③省、市、县政府对乡村医生基本医疗服务和基本公共卫生服务补助的基础数据；④乡村医生个人获得各级政府各类补偿的重要依据；⑤换发乡村医生执业证书的基础数据；⑥乡村医生享受新农保加工龄补贴的基础数据。

第三十一条 乡村医生待遇：

1、基本医疗服务补助：由市、县级政府规定当年补助标准，按照当年核定的纳入乡村医生信息平台管理的乡村医生人数核算。以开展基本公共卫生、基本医疗服务、实行国家基本药物制度和药品零差率销售政策等方面工作为重点，结合提供服务的数量、质量和群众满意度等，对乡村医生基本医疗服务进行绩效考核，通过考核兑现补偿与奖惩。

2、基本公共卫生服务补助：由市、县级政府规定补助标准，按照乡村医生服务人口数量核算，实行先预拨、再结算的方式，以完成基本公共卫生服务数量、质量和群众满意度等，对乡村医生基本公共卫生服务进行绩效考核，通过考核兑现补偿与奖惩。

3、推行签约服务补助：按照省、市、县在基本医疗服务、公共卫生服务补助以外设置的推行签约服务补助标准，对乡村医生在"签约服务团队"中的服务数量、质量和群众满意度等进行绩效考核，通过考核兑现补偿与奖惩。

4、村卫生室一般诊疗费收入：按照一般诊疗费管理规定执行。

5、乡村医生养老待遇：引导和支持乡村医生参加户籍所在地城乡居民基本养老保险。年满60周岁的乡村医生享受全省统一执行的乡村医生新农保加工龄补贴政策。有条件的县市区可按规定引导乡村医生参加城镇职工基本养老保险。

6、市、县卫生计生行政部门每年组织优秀乡村医生评选活动，并通报表彰。

第三十二条　乡村医生退出岗位制度：

县级卫生计生行政部门负责制定本地区乡村医生退出岗位管理办法。

（一）下列情况，乡村医生应退出工作岗位：

1、乡村医生因违法违纪，被取消乡村医生资格的；

2、乡村医生年度综合考核不合格的；

3、乡村医生未按照要求参加本年度各级卫生计生行政部门组织的业务培训或参加培训考核不合格且经补考仍然不合格的；

4、乡村医生因各种原因不能胜任本职工作的；

5、乡村医生年龄超过60周岁的。

（二）下列情况，乡村医生退出工作岗位后可继续聘用：

乡村医生年龄超过60周岁，在办理退出工作岗位领取养老补助手续后，确因岗位接续困难需要继续聘用，且本人身体状况良好能胜任乡村医生岗位工作，经本人申请、村委会和镇卫生院同意、县级卫生计生行政部门批准，可纳入乡村医生返聘管理，继续进行乡村医生执业注册，并实行一年一聘用，最高不超过65周岁。

第六章 村卫生室护士管理

第三十三条 县级卫生计生行政部门可制定本地区村卫生室护士管理办法。村卫生室护士准入按照《护士条例》规定执行，其他相关管理原则、内容、方法等，可参照本办法"第五章乡村医生管理"制定。

第三十四条 村卫生室护士按从事工作享受相应待遇。

第七章 业务管理

第三十五条 村卫生室应当严格遵守国家有关法律、法规、规章，严格执行诊疗规范、操作规程等技术规范，加强医疗质量与安全管理。

第三十六条 县级卫生计生行政部门负责制定本地区村卫生室各项规章制度。村卫生室应建立健全医疗质量管理、医疗安全、人员岗位责任、定期在岗培训、门诊登记、法定传染病疫情报告、食源性疾病或疑似病例信息报告、医疗废物管理、医源性感染管理、免疫规划工作管理、严重精神障碍患者服务管理、妇幼保健工作管理以及药品、档案、信息管理等有关规章制度。

第三十七条 村卫生室应将《医疗机构执业许可证》、诊疗时间和收费标准悬挂于醒目处，在许可的执业范围内开展诊疗活动，使用适宜技术、适宜设备和按规定配备使用的基本药物为农村居民提供基本医疗卫生服务，不得超范围执业。必须做到诊疗操作规范，看病有登记、用药有处方、收费有票据、账目有登记、支出有凭证、转诊有记录、疫情有报告。按要求完善医疗文书，工作制度、职责、业务范围、基本医疗服务项目收费标准、药品目录等应在醒目位置公示上墙。鼓励村卫生室人员学习中医药知识，使用适宜药物、适宜技术和中医药方法防治疾病。

第三十八条 严格执行国家基本药物制度，按照省卫生计生行政部门规定配备和使用基本药物，实行药品零差率销售，建立完整的药品购进、验收、销售记录，按要求对药品进行储存、养护。不得擅自扩大用药范围，坚持合理、安全用药，不得滥用抗生素，严禁使用过期、失效、霉烂、虫蛀、变质的药品，严禁使用剧毒药品、毒麻精神药品。

第三十九条　村卫生室必须同时具备以下条件，并经县级卫生计生行政部门核准后方可提供静脉给药服务：1、具备独立的静脉给药观察室，设置观察床；2、配备常用的抢救药品、设备及供氧设施；3、具备静脉药品配置的条件；4、开展静脉给药服务的村卫生室人员应当具备预防和处理输液反应的救护措施和急救能力；5、开展抗菌药物静脉给药业务的，应当符合抗菌药物临床应用相关规定。

除为挽救患者生命而实施的急救性外科止血、小伤口处置外，村卫生室原则上不得提供以下服务：1、手术、住院和分娩服务；2、与其功能不相适应的基本医疗服务；3、未经卫生计生行政部门审批，严禁开展医学检验、影像、心电图等医技检查项目；4、县级以上地方卫生计生行政部门明确规定不得从事的其他基本医疗服务。

第四十条　按照预防接种工作规范和国家有关规定，由县级卫生计生行政部门指定为免疫规划单位的村卫生室必须具备以下条件：1、村卫生室人员经过县级卫生计生行政部门组织的预防接种专业培训并考核合格；2、具有符合疫苗储存、运输管理规范的冷藏设施、设备和冷藏保管制度；3、自觉接受所在地县级疾病预防控制机构的技术指导，所在地乡镇卫生院的督导、人员培训和对冷链设备使用管理的指导。

第四十一条　建立健全村卫生室工作例会制度，乡镇卫生院每月至少组织辖区内村卫生室人员召开一次例会，包括以下内容：1、村卫生室人员汇报本村卫生室上月基本医疗和公共卫生工作情况，报送相关信息报表，提出工作中遇到的问题和合理化建议；2、卫生院汇总各村卫生室工作情况，对村卫生室人员反映的问题予以协调解决，必要时向县级卫生计生行政部门报告；3、乡镇卫生院对村卫生室人员开展业务和卫生政策等方面的培训；4、乡镇卫生院传达有关卫生计生政策，并部署当月工作。

第四十二条 按照卫生计生、环境保护行政部门的要求，对医疗废弃物及时收集、处置，应符合《医疗废物管理条例》等有关规定。严格一次性医疗用品的使用、处置与管理，实施安全注射，做到"一人一针一管一损毁"。

第四十三条 加强村卫生室信息化建设，支持村卫生室以信息化技术管理农村居民健康档案、接受远程医学教育、开展远程医疗咨询、进行医院感染暴发信息报告、开展新型农村合作医疗医药费用即时结报、实行卫生院和村卫生室统一的电子票据和处方笺等工作。

第四十四条 卫生室应认真执行"一般诊疗费"制度及新型农村合作医疗政策。

第四十五条 村卫生室与村计生专干、乡镇卫生院、乡镇计生办之间要及时通报人口出生、妊娠、避孕等个案信息。

第八章 财务管理

第四十六条 在乡镇卫生院指导下，村卫生室应当做好医疗业务收支记录以及资产登记等工作。县级卫生计生行政部门负责制定本地区《村卫生室财务管理制度》。村卫生室应在卫生院指导下，建立健全村财务管理制度。

第四十七条 村卫生室应当在乡镇卫生院指导下做好医疗业务收支记录以及资产登记等工作。

第四十八条 村卫生室要主动公开医疗服务和药品收费项目及价格，并将药品品种和购销价格在村卫生室醒目位置进行公示，做到收费有单据、账目有记录、支出有凭证。

第九章 村卫生室人员培训

第四十九条 建立村卫生室人员培训制度。县级卫生计生行政部门负责制定乡村医生培训计划，采取临床进修、集中培训、远程教育、对口帮扶等多种方式，乡村医生免费培训每年至少2次，累计培训时间不少于2周，培训内容应当与村卫生室日常工作相适应。乡镇卫生院每月对村卫生室人员培训不少于2小时。

第五十条 村卫生室人员应接受卫生计生行政部门组织的规范化岗位培训，接受培训情况作为年度考核、执业注册基本条件之一。

第五十一条 乡村医生应学习中医药知识，运用中医技能防治疾病。县级医院（含非公立医疗机构）、卫生院免费接收乡村医生进行脱产进修，每个乡村医生2年内脱产进修至少1次，时间不少于1个月；市每年安排优秀乡村医生到省、市级医院接受免费培训。鼓励村卫生室人员接受医学学历继续教育，促进乡村医生向执业（助理）医师转化。

第五十二条 县级卫生计生行政部门要严格管理村卫生室人员培养培训经费，落实经费保障措施。

第十章 保障措施

第五十三条 建立健全村卫生室补偿机制和绩效考核制度，保证村卫生室人员的合理待遇，按照规定标准兑现落实乡村医生补助。县级卫生计生行政部门负责制定本地区《村卫生室绩效考核管理办法》，乡镇卫生院负责制定《村卫生室绩效考核管理细则》，实行定期绩效考核，考核结果分别在卫生院、行政村或卫生室公示，并作为财政补助的主要依据。

基本医疗服务补助、基本公共卫生服务补助采取"先预拨、后结算"方式,先按季度预拨,依据绩效考核结果核定补助后,将剩余资金拨付到乡村医生个人账户内。推行签约服务的补助,按照年度进行考核,并及时落实兑现补助经费。严格执行《咸阳市乡村医生补助明白卡实施办法》,各项补助情况按时据实记录并经乡村医生签字确认。县级卫生计生行政部门负责在卫生院、村卫生室公示乡村医生补助情况。

第五十四条 采取县级政府补助、社会资金参与等方式,支持村卫生室房屋建设、设备购置和正常运转。村卫生室建设用地应当由当地政府无偿划拨。中央补助中西部地区村卫生室房屋建设资金补助项目应优先支持新建村卫生室建设,严禁将项目资金给予房屋产权归属于个人所有的村卫生室。

第五十五条 严禁任何部门以任何名义向村卫生室收取、摊派国家规定之外的费用。村卫生室房屋产权属于村集体的,严禁收取房屋租赁费,其房屋日常维护修缮经费应以签订协议方式明确规定。

第五十六条 县级卫生计生行政部门负责制作村卫生室基础设施建设、公共卫生服务经费和村卫生室人员实施国家基本药物制度补助、推行签约服务补助等财政年度预算报告,并确保及时足额拨付到位。不得挤占、截留或挪用村卫生室补助经费和建设项目资金,确保专款专用。

第十一章 附 则

第五十七条 村卫生室及其医务人员违反国家法律法规及本办法的,卫生计生行政部门应当依据有关法律法规予以处理。

第五十八条 各县市区卫生计生行政部门根据本办法,制订实施细则。

第五十九条 本办法由市卫生计生局负责解释。

第六十条 本办法自印发之日起执行。

全国新型农村合作医疗异地就医联网结报实施方案

关于印发全国新型农村合作医疗异地
就医联网结报实施方案的通知
国卫基层发〔2016〕23号

各省、自治区、直辖市卫生计生委、财政厅局,计划单列市卫生计生委、财政局,国家卫生计生委预算管理医院:

为贯彻落实《2016年政府工作报告》有关加快推进基本医保全国联网和异地就医结算工作的要求和国家卫生计生委、财政部《关于做好新型农村合作医疗跨省就医费用核查和结报工作的指导意见》(国卫基层发〔2015〕46号)精神,全面推进新型农村合作医疗(包括卫生计生部门负责的城乡居民基本医疗保险)异地就医联网结报工作,国家卫生计生委会同财政部制定了《全国新型农村合作医疗异地就医联网结报实施方案》(可从国家卫生计生委网站下载)。现印发给你们,请认真组织落实。实施过程中遇到的有关问题、建议,请及时报告。

联系人:国家卫生计生委基层司 刘伊凡、姬小荣
联系电话:010—62030652、62030650
传真:010—62030754

国家卫生计生委 财政部
2016年5月26日

加快基本医保异地就医联网结报工作是推进健康中国建设的重要内容,对于深化医药卫生体制改革、落实分级诊疗、完善基本医保制度建设、提升城乡居民的获得感具有重要意义。为贯彻落实《2016年政府工作报告》有关加快推进基本医保全国联网和异地就医结算工作的要求,全面推进新型农村合作医疗(以下简称新农合,包括卫生计生部门负责的城乡居民基本医疗保险,下同)异地就医联网结报工作,现制定以下方案。

一、工作目标

通过完善异地就医补偿管理政策、信息系统功能和服务网络,建立起有效的异地就医运行管理机制,逐步实现全国新农合跨省就医联网结报。2016年,完善国家和省级新农合信息平台,基本建成新农合异地就医信息系统,实现省内异地就医直接结报,开展新农合转诊住院患者跨省定点就医结报试点。2017年,基本实现新农合转诊住院患者跨省定点就医结报。

二、基本原则

(一)坚持以人为本

从维护广大参合群众的切身利益出发,把方便群众作为推进异地就医结报工作的出发点和落脚点,切实提高参合患者异地就医结报的便捷性、及时性。

(二)坚持与分级诊疗同步推进

异地就医结报服务主要针对规范转诊患者,发挥基本医保对患者流向的引导和调节作用,促进形成合理就医秩序。

(三)坚持以就医地管理为主

跨省患者就医原则上按照就医地的相关政策要求执行,由就医地省级管理经办机构代表参合地区统筹负责跨省就医患者的管理和服务。

(四)坚持分类指导

结合各地新农合信息化建设进展,医疗机构分别通过不同途径与国家新农合信息平台（以下简称国家平台）对接，确保形成顺畅的信息交换通道和有效的工作机制。按照"成熟一个省（区、市），联通一个省（区、市），实施一个省（区、市）"的原则，积极推进。

三、主要措施

（一）建设完善异地就医信息系统

1. 完善国家和省级异地就医结报网络

根据国家卫生计生委办公厅《关于全面推进国家新型农村合作医疗信息平台建设工作的通知》（国卫办基层函〔2015〕870号）要求，按照人口健康信息化建设的总体框架和顶层设计，加快推进国家平台和省级新农合信息平台（以下简称省级平台）建设，依托电子政务外网或虚拟专网构建全国新农合跨省就医数据交换通道。国家平台要发挥枢纽作用，负责跨省就医转诊、结报等数据交换工作；省级平台负责联通省内定点联网医疗机构，即时上传本省患者到外省的转诊信息，汇集并上传外省转诊患者在本省定点联网医疗机构就医结报的相关数据；医疗机构按照属地化原则通过省级平台与国家平台联通，委预算管理医院、暂不具备联通条件的省（区、市）所属三级医疗机构，直接与国家平台联通。

2. 建立异地就医信息系统并完善功能

在完善国家和省级平台基础上，加快建立全国新农合异地就医信息系统，使其具备转诊、结算等管理功能。各省级平台负责跨省就医结报，对于省级平台功能暂不完善的，可将本省的补偿方案配置在国家平台上，由国家平台结报。对于尚未建成省级平台的地区，可以依托本省（区、市）区域人口健康信息平台建设异地就医信息系统。对于新农合交由其他部门管理的省（区、市），要充分利用已建成的新农合信息平台承担为外省转入患者提供转诊结报等管理服务工作，或协调城镇医保部门做好相关工作。

各统筹地区也可根据实际情况，在务工人员集中地通过点对点签约的方式,选择医疗机构先行开展跨省就医结报。省内异地就医结报工作由各省份根据实际情况统筹安排。

3. 实现异地就医信息系统互联与数据共享

利用已建成的医疗机构与国家和省级平台联通通道,实现医疗机构和统筹地区之间信息系统的广泛互联。联网医疗机构要根据《国家卫生计生委办公厅关于印发国家新型农村合作医疗信息平台联通技术方案(试行)的通知》(卫办农卫函〔2013〕456号)要求,生成规范的数据交换内容,按时提交至国家或省级平台。对于采用疾病诊断分组支付的医疗机构,要按照规范格式生成数据交换内容。

4. 统一数据交换频率

跨省转诊、住院登记及出院结报信息要实时交换;在院诊断及费用信息原则上要每日上传;出院病案首页信息在患者出院后5个工作日内上传;垫付资金回款申请和拨付信息要按月定期交换。

(二) 制定异地就医结报政策

1. 规范异地就医补偿政策

各省(区、市)要规范并相对统一省内和省外异地就医补偿政策,实现用药目录、诊疗项目等方面的统一,规范异地就医业务流程。对于跨省就医患者,报销政策应当依据定点协议执行。在确保资金运行平稳的前提下,可参照就医地的报销目录,支付比例仍执行参合地规定;也可选择执行参合地省(区、市)制定的统一政策。

2. 建立异地就医转诊制度

建立完善分级诊疗制度是做好异地就医结报工作的基础,各省(区、市)要建立新农合异地就医转诊制度。符合条件的参合患者经参合地转诊备案后到省外就医,参合地经办机构应当即时将规范化转诊信息报送至省级平台或国家平台,医疗机构通过国家或省级新农合信息平台获取患者转诊信息并提供服务。鼓励各地将居民健康卡作为异地就医时参合身份识别的主要依据和结报凭证。

3. 实行定点联网就医

各省（区、市）根据辖区内医疗机构服务能力、服务患者对象和与新农合平台联通情况，确定辖区内开展跨省就医结报的联网医疗机构。联网医疗机构要包含各级别、综合与专科医疗机构，特别是为异地患者服务较多的医疗机构。既要有解决转诊患者疑难杂症需求的三级医疗机构，又要有方便群众就近和急诊就医的若干二级和部分具备一定住院条件的基层医疗机构。国家卫生计生委预算管理医院和各省（区、市）人民医院（省立医院）、中医院要率先联网并开展跨省就医结报。各省（区、市）将辖区内具备跨省结算条件的联网医疗机构名单提交至国家卫生计生委，由国家新农合信息平台门户网站公布供各地选择。

各地在国家平台公布的联网医疗机构名单中选择本省（区、市）患者跨省就医的定点医疗机构签署协议，在试点基础上全面推开跨省转诊就医结报工作。各地在推进异地就医联网结报过程中，要统筹考虑与大病保险、医疗救助、精准扶贫等工作的衔接。

（三）规范异地就医结算机制

1. 落实管理服务职责

对跨省就医转诊患者，原则上以省（区、市）为单位进行对接，以就医地管理为主，参合地配合。由就医地省级新农合管理经办部门负责结报管理和服务工作，参合地省级新农合管理经办部门负责相关协调和配合工作。

对于新农合交由其他部门管理的省份，应当承担省外新农合患者转诊至本省份定点联网医疗机构就医结报和结算管理工作，卫生计生行政部门要积极协调基本医保管理经办部门承担相应管理服务责任，也可委托卫生、保险或金融机构承担，并与国家卫生计生委做好衔接。

2. 建立结算中心

国家卫生计生委依托中国医学科学院（国家平台承建单位）承

担国家级异地就医结算管理职能，负责跨省就医的信息技术指导、信息系统日常运行、维护，协调处理全国跨省就医结报工作，具备一定的结算功能。省级卫生计生行政部门要通过在省级经办机构增加结算职能或指定有关单位承担等方式，尽快明确承担省级结算功能的机构（以下简称省级结算中心）。

要充分发挥市场机制作用，调动社会力量参与基本医保经办服务。鼓励金融保险等第三方机构参与国家和省级结算中心建设，鼓励各地委托商业保险等机构经办异地就医结报管理服务工作，承办新农合大病保险的商业保险机构可利用现有的结算渠道，为异地就医结算提供服务。积极推进新农合与大病保险和医疗救助的一站式结报。鼓励金融机构发挥信用担保作用，垫付个人自付部分费用。

3. 规范结算流程

经规范转诊至省外定点联网医疗机构就医的患者，出院结算时仅支付自付金额，新农合基金支付部分由医疗机构垫付，医疗机构定期向就医所在省级结算中心申请垫付资金回款，结算中心审核回款申请材料，并按月将核准金额拨付给医疗机构。参合地省级结算中心定期与就医地省级结算中心进行资金结算，并负责与省内各统筹地区进行资金结算。

对于不具备提供直接结报条件的地区，应当协调定点联网医疗机构提供异地转诊就医服务，并配合做好结报工作。参合患者在定点联网医疗机构就医后，医疗机构应当在5个工作日内向国家或省级平台推送规范化的就诊信息和出院结算信息。参合地经办机构根据国家平台提供的就医费用信息，依据本地政策计算补偿费用，将补偿费用直接汇至参合患者的居民健康卡或银行账户中。

四、进度安排

2016年6月底前，各省（区、市）要完善省内异地就医报销政策，确保政策落实。

2016年7月底前，各省（区、市）要制定跨省异地就医结报工作方案，上报辖区内提供跨省就医结报服务的联网医疗机构名单和省内异地就医实施情况。

2016年8月底前，各省（区、市）要完善省级平台信息系统，使其具备跨省转诊、结报等功能。开发全国联网结报相关数据交换接口，实现国家和省级平台以及医疗机构信息系统间的互联互通。

2016年10月底前，各省（区、市）要建成省级结算中心，或委托相关单位承担跨省就医结算职能。全面实现省内异地就医结报。各省（区、市）至少要推出2个地级市，并遴选若干所省外联网医疗机构，签署相关协议，开展跨省就医联网结报试点工作；同时，要选择若干所省内联网医疗机构为其他省份患者提供服务。

按照"联通一个省（区、市），公布一个省（区、市）"的原则，及时公布各省（区、市）新农合跨省就医结报工作进展。国家卫生计生委将会同相关部门对各省（区、市）跨省就医结报工作进行督查。对进展缓慢的，国家卫生计生委将采取约谈、通报等形式加以督促，确保按时完成任务。

五、工作要求

（一）加强组织领导

各级卫生计生行政部门要将新农合异地就医结报工作作为深化医药卫生体制改革的重要任务，纳入医改目标考核管理，统筹谋划、精心组织、协调推进、攻坚克难，确保任务目标的全面实现。

省级卫生计生行政部门要统筹负责新农合异地就医结报组织领导和监督管理工作，积极争取相关部门支持，协调制定跨省就医结报工作方案。既要切实履行属地化管理职责，加强对定点联网医疗机构医疗服务行为和服务质量的监管，控制不合理费用增长，又要协调做好异地就医结报资金回款工作。新农合交由其他部门管理的省（区、市）也要树立为其他省份参合患者服务意识，积极协调督促辖区内定点联网医疗机构提供跨省就医联网结报服务。

新农合各统筹地区经办机构要为跨省就医联网结报创造条件、

提供方便，积极配合就医地新农合经办机构和定点医疗机构办理结报和清算工作。

中国医学科学院医学信息研究所要配合各级卫生计生行政部门落实跨省就医结报工作，制定相关系统标准应用、用户权限管理和数据安全保护等相关技术规范，做好技术支持和培训工作，加强对各地试点追踪指导，定期汇总公布各地进展情况。

（二）明确医疗机构责任

各级医疗机构要高度重视跨省就医结报工作，积极创造条件成为跨省结报定点联网医疗机构。三级医疗机构尤其是委预算管理医院要积极发挥带头作用，主动参与，为患者提供跨省结报服务。

定点联网医疗机构要及时改造医院管理信息系统，积极与国家人口健康信息平台（新农合信息平台）互联互通并传输数据。要加强内部管理，完善相关工作机制，优化就医结报流程，切实提升服务水平。依据网上转诊信息，优先为转诊患者提供就医服务。设置跨省就医指定窗口，做好患者身份识别、出院结报工作，及时交换跨省就医数据。

（三）做好其他人群的政策衔接

长期外出务工并建立稳定劳动合同关系的人员，应当依法参加城镇职工医保并享受相应报销待遇；投靠子女的老年人和其他异地长期居住的人员，可依据《居住证暂行条例》在居住地办理居住证，参加居住地城乡居民医保，享受相应待遇。暂不能参加务工地或居住地基本医保的，可经参合地备案后按转诊标准享受相应结报待遇。

（四）做好宣传引导

各地要利用多种形式大力宣传，让广大参合居民了解跨省就医结报工作的政策和做法，积极配合相关工作。要做好信息公开工作，及时公开电话号码等联系方式，方便参合患者查询、咨询和投诉监督。

（五）注重信息安全

各级卫生计生行政部门、新农合经办机构、结算中心和医疗机构要高度重视异地就医患者信息安全和隐私保护工作，严格按照国家信息安全等级保护制度和国家卫生计生委公布的《人口健康信息管理办法（试行）》要求，完善安全管理制度、操作规程和技术规范。县级以上卫生计生行政部门担负主管部门的责任，各级各类医疗卫生服务机构作为责任单位，切实加强信息安全管理和个人隐私保护。

新型农村合作医疗跨省就医联网结报
转诊流程与信息交换操作规范（试行）

国家卫生计生委办公厅关于印发新型
农村合作医疗跨省就医联网结报转诊流程与
信息交换操作规范（试行）的通知
国卫办基层函〔2016〕900号

各省、自治区、直辖市卫生计生委，计划单列市卫生计生委，国家卫生计生委预算管理医院：

根据《全国新型农村合作医疗异地就医联网结报实施方案》（国卫基层发〔2016〕23号）要求，在推进新农合异地就医结报工作时，各省（区、市）要建立异地就医转诊制度，构建良好的就医秩序。为规范异地就医转诊管理，我们制定了《新型农村合作医疗跨省就医联网结报转诊流程与信息交换操作规范（试行）》（可从国家卫生计生委网站下载）。现印发给你们，请认真组织落实。

国家卫生计生委办公厅
2016年8月17日

一、总　则

第一条　为规范跨省就医秩序，落实分级转诊制度要求，实现跨省异地就医结报目标，依据《国务院办公厅关于推进分级诊疗制度建设的指导意见》（国办发〔2015〕70号）以及国家卫生计生委、财政部《关于印发全国新型农村合作医疗异地就医联网结报实施方案的通知》(国卫基层发〔2016〕23号)的要求,制定本操作规范。

第二条 本规范适用于跨省就医联网结报定点医疗机构和跨省就医结报省级结算中心(或区域人口健康信息平台)以及统筹地区进行跨省就医联网结报转诊的相关业务。

第三条 新农合跨省就医联网结报转诊是指符合跨省转诊条件的参合患者按当地转诊规定办理省外就医转诊手续后到省外就医的过程。参合地经办机构(或医疗机构,下同)及时将规范化的转诊信息经省级新农合信息平台(或区域人口健康信息平台)报送至国家新农合信息平台。国家平台再经省级平台推送至转诊医疗机构,实现群众就医的身份确认并提供结报服务。

第四条 本操作规范旨在引导规范的跨省转诊就医秩序,规范跨省转诊管理流程,厘清各级新农合管理部门、经办机构以及医疗机构的责任范围。

二、定点医疗机构范围

第五条 跨省就医联网结报定点医疗机构指根据国家卫生计生委《关于遴选并报送新农合跨省就医结报联网医疗机构和试点统筹地区信息的通知》(国卫办基层函〔2016〕846号)遴选出的具备联网条件,并与省级(或统筹地区)卫生计生部门签订定点协议,承担新农合跨省就医联网结报工作的医疗机构,具体医疗机构名单可通过国家平台获取。

第六条 非协议定点转诊医疗机构不承担跨省转诊职能和联网结报工作。

第七条 为方便患者住院,参合地经办机构可在就医地选择若干定点医疗机构作为转入医院,由参合患者在其中自主选择。

三、跨省就医联网结报转诊患者资格确认

第八条 参合患者在省内医疗机构无法确诊、或确诊后无治疗条件的疑难病症，按规定办理跨省转诊手续。

第九条 在外务工、探亲、异地急诊等患者，原则上也应做到基层首诊，规范跨省就医转诊秩序。

（一）应自入院次日起5个工作日内向参合地新农合管理经办部门报告，办理转诊备案手续。

（二）凡遇双休日、法定节假日等原因无法正常办理转诊备案手续的患者，可在出院结算前，通过电话、网络等方式向统筹地区经办机构申请补办转诊。

第十条 长期外出务工并建立稳定劳动合同关系的人员，投靠子女的老年人和其他异地长期居住的人员，可依据《居住证暂行条例》在居住地办理居住证，参加务工地或居住地基本医疗保险。

四、转诊管理流程

第十一条 参合患者应持居民健康卡（或合作医疗证）、身份证（或户口簿和监护人身份证），通过多种形式在参合地办理转诊手续。

第十二条 统筹地区经办人员通过信息系统填写转诊内容。

（一）按照《新农合跨省就医联网结报转诊单》要求填写转诊内容；

（二）对于参合患者需要异地报销，应填写银行账户等信息，具体内容参见《新农合跨省就医联网结报数据交换技术方案》；

（三）对于未办理身份证的婴幼儿，姓名为XXX之子（之女），XXX为已参合的父母（或监护人），身份证和合作医疗证为XXX的证件号码，以保证患者身份的一致性。

第十三条 经办人员可通过同级业务信息系统、省级新农合信息平台或国家新农合信息平台填写转诊内容。

（一）同级或者省级新农合信息系统功能完善的地区，经办人员应通过同级信息系统填报转诊信息；

（二）省级新农合信息系统功能不完善的地区，经办人员可直接通过国家新农合信息平台填写转诊内容。

第十四条 各级新农合相关信息系统按照规则生成跨省就医联网结报转诊单编号，作为转诊单的标识符。转诊单编号共20位，其中1至6位是统筹地区代码，7至14位日期，15至20位是顺序码。顺序码生成规则如下：

（一）统筹地区新农合业务信息系统生成范围000001至400000；

（二）省级新农合业务信息系统生成范围400001至800000；

（三）国家新农合信息平台生成范围800001至999999。

第十五条 经办人员填写内容后，通过省级新农合信息平台及时将转诊信息上报至国家新农合信息平台。

第十六条 应按照《新农合跨省就医联网结报转诊单》生成纸质版，打印并交由患者，作为患者跨省就医转诊的凭证。鼓励经办机构使用信息化技术，创新服务手段，为患者提供电子转诊凭证。

第十七条 参合患者在办理入院登记时应主动向定点医疗机构出示居民健康卡（合作医疗证）、身份证（或户口簿和监护人身份证）、入院通知书（住院证）、转诊单。

第十八条 定点医疗机构应严格查验就诊人员的身份信息，核对参合患者本人及其出示的身份证（或户口簿和监护人身份证），办理入院登记手续。

第十九条 未按规定向参合地新农合管理经办部门报告备案和执行转诊的患者所发生的跨省就医医疗费用不予直接结报。

五、转诊单的期限

第二十条 跨省就医联网结报转诊单有效期为 3 个月。超出有效期未及时办理延期的,逾期发生的费用不纳入新农合直接结报范围。

第二十一条 对于相同疾病多次治疗的转诊患者,可向统筹地区申请,由经办人员通过信息系统再次激活前一次转诊证明,即可完成转诊手续。

(一)通过电话、传真、网络等方式向统筹地区经办机构申请激活;

(二)统筹地区经办人员通过本级新农合信息系统或登录国家新农合信息平台进行激活操作。

六、严格规范管理

第二十二条 各定点医疗机构要把握转诊条件、程序和要求,规范转诊管理,关注转出率,承担跨省转诊职能的省市两级定点医疗机构要建立转诊联系制度,保持信息畅通。

第二十三条 对符合转诊条件的患者要及时办理转诊手续,对不符合条件的应向参合人员做好政策宣传解释工作。要把跨省转诊规定和流程在医疗机构以及经办机构醒目位置和重点窗口公示,履行告知义务,让群众知情了解。

第二十四条 经办机构要确认参合患者身份,宣传新农合相关政策,介绍相关注意事项,公布已开展跨省就医结报的定点医疗机构名单。

七、附　则

第二十五条 省级新农合结算中心可根据本规范的规定制定具体实施细则,经各省级卫生计生行政部门审定后执行。

第二十六条 本规范由国家卫生计生委基层司负责解释。

第二十七条 本规范适用于卫生计生部门管理的城乡居民医保制度。

第二十八条 本规范自公布之日起施行。

附：
新型农村合作医疗跨省就医联网结报转诊单

地区：

转诊单号：

姓名		性别		出生年月	
患者联系人		患者联系电话			
身份证号		合作医疗证号或居民健康卡号			
银行卡号		开户行名称			
参合区（县）地区名称					
转诊申请说明					
建议转入医疗机构			转出机构		
转出机构转诊情况说明					
申请时间					
疾病名称			申请时间		
机构联系人		机构联系方式		机构联系邮箱	
审核机构情况					
统筹地区转外就医管理部门（单位）审核意见：					
签章					
审核人姓名					
审核时间					

转入医疗机构核查情况
请医疗机构认真核查身份证、合作医疗证与患者身份一致后签字确认签字 医疗机构部门盖章 日期：年月日

注1：纸质转诊单编号格式：1至6位是统筹地区代码，7至14位日期，15至20位是顺序码。

注2：电子转诊单可采集患者银行账号信息，以便通过转账方式发放补偿相关资金。

新型农村合作医疗补助资金国库集中支付管理暂行办法

财政部关于印发《新型农村合作医疗补助资金国库集中支付管理暂行办法》的通知

财库〔2008〕33号

各省、自治区、直辖市、计划单列市财政厅（局）：

为加强新型农村合作医疗补助资金支付管理，确保资金及时足额到位，根据《国务院办公厅转发卫生部等部门关于建立新型农村医疗制度意见的通知》（国办发〔2003〕3号）等有关政策要求和财政国库管理制度有关规定，财政部商卫生部制定了《新型农村合作医疗补助资金国库集中支付管理暂行办法》，现予印发，请遵照执行。执行中有何问题，请及时向财政部反映。

2008年4月14日

第一条 为加强新型农村合作医疗补助资金（以下简称新农合补助资金）支付管理，确保资金及时足额到位，根据《国务院办公厅转发卫生部等部门关于建立新型农村医疗制度意见的通知》（国办发〔2003〕3号）等有关政策要求和财政国库管理制度有关规定，制定本办法。

第二条 实行国库集中支付的新农合补助资金范围，包括按照国家有关政策要求，由中央财政承担的新农合补助资金，以及由地方各级财政承担的新农合补助资金。

第三条 新农合补助资金国库集中支付，坚持资金直达、操作规范、信息透明、监控有力的原则,并按照县级(指县、县级市、市辖区等,下同)统筹和市级(指地级市、自治州等,下同)统筹的不同管理方式,确定资金支付流程。

第四条 实行县级统筹的地区,应当将各级财政承担的新农合补助资金统一归集到县级财政社会保障基金财政专户(以下简称社保专户)。其中:

(一)中央财政承担的新农合补助资金,由财政部根据中央新农合补助资金预算拨付到省级(指省、自治区、直辖市、计划单列市,下同)财政国库单一账户。省级财政应当在收到中央新农合补助资金预算文件后25个工作日内,将预算分解到县,并在预算分解后5个工作日内,由省级财政(国库部门)开具财政直接支付指令,通过省级财政专项转移支付资金零余额账户(以下简称专项资金零余额账户)将中央新农合补助资金直接支付到县级财政社保专户。

(二)省级财政承担的新农合补助资金,由省级财政(国库部门)根据省级新农合补助资金预算文件,通过省级财政专项资金零余额账户直接支付到县级财政社保专户。

(三)市级财政承担的新农合补助资金,由市级财政(国库部门)根据市级新农合补助资金预算文件,通过市级财政专项转移支付资金特设专户(以下简称特设专户)直接支付到县级财政社保专户。

(四)县级财政承担的新农合补助资金,由县级财政(国库部门)通过县级财政特设专户支付到县级财政社保专户。

第五条 实行市级统筹的地区,应当将各级财政承担的新农合补助资金统一归集到市级财政社保专户。其中:

(一)中央财政承担的新农合补助资金,以及省级财政承担的新农合补助资金,分别按照本办法第四条第一款和第二款规定的程序和时间要求,直接支付到市级财政社保专户。

(二)市级财政承担的新农合补助资金,由市级财政(国库部门)通过市级财政特设专户支付到市级财政社保专户。

（三）县级财政承担的新农合补助资金，由县级财政（国库部门）通过县级财政特设专户支付到市级财政社保专户。

第六条　各级财政要加强新农合补助资金的预算和资金支付管理，确保资金及时足额到位。其中，下级财政承担的新农合补助资金，原则上要先于上级财政支付到位；在确保满足新型农村合作医疗基金支付需要的前提下，省级财政向市县财政社保专户、市级财政向同级或县级财政社保专户、以及县级财政向同级财政或市级财政社保专户拨付本级财政承担的新农合补助资金的具体时间，由省级财政部门确定。

第七条　本办法发布前已经预拨新农合补助资金的地方，财政部门（国库和社会保障部门）应当对预拨情况进行清理，并在本办法发布后 25 个工作日内，由省级财政（国库部门联合社会保障部门）将预算文件及有关拨款凭证报送财政部（国库司和社会保障司）备案，相应收到的上级财政新农合补助资金纳入本级财政国库单一账户统一管理，不对已预拨的资金进行调整。

第八条　市、县财政部门对于归集到同级财政社保专户中的新型农村合作医疗基金，应当按照《财政部 卫生部关于印发新型农村合作医疗基金财务制度的通知》（财社〔2008〕8 号）、《财政部关于印发新型农村合作医疗基金会计制度的通知》（财会〔2008〕1 号）和财政国库管理制度有关规定，加强资金支付与会计核算管理。

第九条　财政部通过财政国库动态监控系统，对新农合补助资金支付情况进行动态监控，并尽快将财政社保专户新农合基金纳入动态监控系统管理，建立资金全过程动态监控机制。

（一）财政部（国库司会同社会保障司）根据动态监控信息，对新农合补助资金国库集中支付进行监控管理，并对新农合补助资金运行情况予以通报。

（二）省级财政（社会保障部门）应当在中央新农合补助资金预算分解文件和省级新农合补助资金预算文件印发后 3 个工作日内，将预算文件（纸质或电子）报送财政部（社会保障司和国库司）备案。

（三）省、市、县财政（国库部门）签发财政直接支付指令时，应当载明以下信息：中央专项资金预算文号及省级分解预算文号（由省级财政国库部门填写，市县财政国库部门不予填写）、专项资金项目名称、签发时间、付款人、付款人账号、付款人开户银行、具体用途、预算科目编码、预算科目名称、支付金额、收款人名称、收款人账号。支付指令载明的信息由代理银行按照与财政部签订的《委托代理协议》，及时向财政部反馈，实行动态监控。

（四）地方各级财政部门与卫生行政部门之间应建立基金动态监控信息沟通制度。

第十条 新农合补助资金国库集中支付使用的有关支付凭证及会计核算管理，分别参照《财政部 教育部关于印发〈农村义务教育经费保障机制改革中央专项资金支付管理暂行办法〉的通知》（财库〔2006〕23号）和《财政部关于印发〈农村义务教育经费保障机制改革中央专项资金会计核算暂行办法〉的通知》（财库〔2006〕27号）执行。

第十一条 省级财政专项资金零余额账户以及市县财政特设专户，与同级财政国库单一账户之间的资金清算与资金调度，按照财政国库管理制度有关规定执行。尚未开设特设专户的市县，应当参照财库〔2006〕23号文件关于特设专户的有关要求，办理账户开设和信息备案手续。

第十二条 各级财政部门应当按照有关法律法规和本办法规定，加强新农合补助资金支付管理，确保专款专用，不得截留、滞留、挤占和挪用资金。违反法律法规或本办法规定的，追究单位责任人和有关直接责任人责任；情节严重构成犯罪的，移交司法机关，依法追究刑事责任。

第十三条 本办法由财政部负责解释。

第十四条 本办法自发布之日起实施。

国家卫生计生委、财政部关于做好新型农村合作医疗跨省就医费用核查和结报工作的指导意见

国卫基层发〔2015〕46号

各省、自治区、直辖市卫生计生委，财政厅局：

为贯彻落实《国务院办公厅关于印发深化医药卫生体制改革2014年重点工作任务的通知》（国办发〔2014〕24号）有关要求，优化参合农民跨省就医费用结报流程，提升新型农村合作医疗（以下简称新农合）管理服务水平，维护群众健康权益，现就做好新农合跨省就医费用核查和结报工作提出如下指导意见：

一、目标和原则

（一）主要目标

以维护广大参合农民的利益为根本，通过信息化手段，优化服务流程，健全协作机制，提高新农合跨省就医费用核查和结报管理服务水平及效率，维护基金安全，方便群众结报，逐步实现新农合跨省就医费用直接核查和结报。2015年，选择部分统筹地区和定点医疗机构，依托国家新农合信息平台开展跨省就医费用核查和结报试点；2016年，全国跨省就医费用核查工作机制初步建立，跨省就医结报试点范围进一步扩大；2018年，全国大部分省（区、市）基本实现跨省就医费用核查，跨省就医结报工作进一步推进；2020年，全国大部分省（区、市）要在具备条件的定点医疗机构开展跨省就医直接结报。

（二）基本原则

1. 坚持以人为本，便民、利民、为民。本着以人为本、高度负责的精神，把服务参合群众作为开展跨省就医费用核查和结报工作的出发点和落脚点，简化程序，规范制度，为参合群众提供优质、

高效、便捷的服务。

2. 建立机制，形成长效。开展新农合跨省就医费用核查和结报工作，关键在于建机制。要建立健全各级新农合经办机构与定点医疗机构之间、不同地区不同级别新农合信息平台之间的协同机制和信息交换机制，实现跨省就医信息互联共享。

3. 试点先行，稳步推开。开展跨省就医费用核查和结报工作，应与当前新农合信息化建设水平、参合群众意愿等实际相结合，通过试点总结经验，逐步推开。

二、积极开展跨省就医费用核查工作

(三) 建立国家级和省级跨省就医费用信息数据库

在国家新农合信息平台建立全国参合患者跨省就医费用信息数据库（简称国家库）。国家库通过省级新农合信息平台收集跨省就医数据，存储跨省就医费用信息、各级定点医疗机构、经办机构、行政区划代码等字典目录以及费用核查申请单、回复信息等管理类数据。同时定期向各省级新农合信息平台推送相关数据。

各省（区、市）依托本地区新农合信息平台建立本省（区、市）参合患者跨省就医费用信息数据库（简称省级库）。省级库主要负责收集省内二级（含，下同）以上定点医疗机构接诊的省外患者就医费用信息，并定期向国家库报送。省级库同时接收国家库推送的本省患者至省外医疗机构就医相关信息。

(四) 完善跨省就医费用信息的采集与交换机制

跨省就医费用信息的采集。二级以上定点医疗机构负责采集本机构接诊的外省患者就医数据，按照《电子病历基本数据集第10部分：住院病案首页》（WS445.10—2014）格式生成交换内容。暂时不具备条件生成《住院病案首页》格式的，可根据《国家新型农村合作医疗信息平台联通技术方案（试行）》（卫办农卫函〔2013〕456号）格式生成交换内容，经同级新农合信息平台或直接上传至本地省级库。如医疗机构所在省（区、市）区域卫生信息平台数据质量较好且能够及时更新，省级新农合信息平台可直接调用区域卫生信息平台接口，生成省级库。

国家新农合信息平台与省级新农合信息平台的联通与数据交换。利用国家新农合信息平台与省级新农合信息平台、省级新农合信息平台和省内二级以上定点医疗机构已建立的网络设施，按照属地化管理原则，各省（区、市）应当在患者出院1周内将本地区二级以上医疗机构接诊的外省患者就医信息上传至国家库。国家新农合信息平台将跨省就医患者信息推送至患者参合省（区、市）的省级新农合信息平台，至少每周推送1次。各省级新农合信息平台定期接收国家新农合信息平台转发的费用核查申请单，并在收到申请单1周内予以回复。

（五）建立查询协作机制

统筹地区新农合经办机构通过登录本地省级库或国家库进行费用核查；如未查询到相关信息，则向国家新农合信息平台提交费用核查申请单，由国家新农合信息平台转发至就医地省级新农合信息平台进行核查；如仍未查询到相关信息，可采取人工方式核查。鼓励以购买服务的形式将人工核查工作委托至保险公司等第三方机构，提高核查工作的效率和专业化程度。

国家新农合信息平台还将通过与各类信息系统的联通，扩大查询医疗机构的覆盖范围。鼓励有条件的医疗机构通过门户网站等形式向社会提供患者就医费用真实性查询。患者就医的定点医疗机构不在国家新农合信息平台覆盖范围内的，就医地新农合经办机构及医疗机构应对跨省就医费用核查工作提供必要协助。

三、稳妥推进跨省就医结报工作

（六）逐步统一省外就医补偿政策

各省（区、市）卫生计生行政部门要逐步统一本省（区、市）参合患者省外就医补偿方案，建立统一的药品目录、诊疗项目和医疗服务设施信息标准库，规范与跨省就医相关的经办流程和结报办法。跨省就医患者的新农合待遇执行参合地的报销政策，或由参合地经办机构与定点医疗机构协商达成一致后执行就医地的报销目录，起付标准、支付比例和支付限额等仍执行参合地规定。

（七）落实分级转诊制度

新农合跨省就医费用核查和结报工作要与分级诊疗工作的推进相结合。各统筹地区要逐步建立异地就医报备制度。符合条件的参合患者经参合地转诊备案后到省外就医，参合地经办机构应及时将相关信息传送至省级新农合信息平台和国家新农合信息平台。定点医疗机构根据国家新农合信息平台转诊数据，接收患者住院，并在出院结算时为转诊患者提供结报服务。

（八）鼓励建立省级结算平台

鼓励各地建立省级新农合结算平台，统一处理和协调省内与跨省就医费用核查、结报工作。可以委托保险公司等第三方机构建立省级结算平台，并以购买服务的方式给予补偿；当前阶段，也可以参合地经办机构和定点医疗机构直接签约的方式建立点对点的结算通道。

（九）规范结算流程

已办理转诊手续的参合患者到提供直接结算服务的定点医疗机构就诊，出院结算时只支付自负部分，新农合基金补偿部分由定点医疗机构先行垫付。定点医疗机构定期将相关信息报送至本地省级结算平台；就医地省级新农合结算平台与医疗机构定期结算垫付的补偿资金，再定期与参合地省级结算平台进行清算。条件暂不具备的地区，可由定点医疗机构与患者参合地经办机构直接结算。

信息化基础比较薄弱的地区，参合地经办机构应当提供异地报销服务，参合农民在省外医疗机构就医后，将费用凭证等信息提供至参合地经办机构，经办机构通过国家新农合信息平台提供的就医数据进行核查，确认无误后按照本地补偿方案计算报销金额，并将补偿费用直接汇至参合人员的银行账户中。居民健康卡普及的地区，可充分发挥居民健康卡的金融功能，优化跨省就医结报流程。

四、保障措施

（十）做好跨省就医患者管理服务

统筹地区新农合经办机构应当根据跨省务工人员、异地转诊人员、异地急诊人员等不同人群的特点，落实管理责任，加强医疗服务监管，做好跨省就医患者管理服务。结合分级诊疗办法和转诊转院制度，完善异地就医备案程序，为参合患者提供方便的新农合结报服务。就医地新农合经办机构应当协助参合地做好信息登记、患者身份核实、医疗服务监管、医疗费用真实性审查等工作。

（十一）提升异地就医信息化水平

完善国家新农合信息平台建设，规范新农合就医身份识别程序，推进居民健康卡在新农合信息系统的集成应用，推进各级定点医疗机构与新农合信息平台的互联互通。建立完善国家级和省级新农合跨省就医费用核查和结报系统，规范业务流程、系统接口和信息传输标准等，为跨省就医信息数据传输奠定基础；加快推进国家新农合信息平台与各省级新农合信息平台对接，通过完善高效的信息化手段提供跨省就医费用核查和直接结报服务。

（十二）保障信息安全

各级卫生计生行政部门、新农合经办机构和定点医疗机构等要注重跨省就医患者信息安全和隐私保护工作，按照国家信息安全等级保护制度和国家卫生计生委公布的《人口健康信息管理办法（试行）》要求，制订安全管理制度、操作规程和技术规范，切实保障信息安全和患者个人隐私。

五、组织落实

（十三）加强统筹协调

各级卫生计生行政部门负责异地就医费用核查和结报的统筹协调工作。各省级卫生计生行政部门要按照国家统一要求，协调相关部门制订本地区跨省就医费用核查和结报工作实施方案，明确协助其他省级新农合经办机构开展跨省就医费用核查工作的协作机制，并报国家卫生计生委备案。进一步健全基金财务管理制度，督促统筹地区及时拨付跨省定点医疗机构垫付资金。加强与其他省（区、市）的沟通，积极推进跨省异地就医结报工作。统筹地区新农合管理和经办部门要明确职责，树立以"参合农民"为核心的全员服务观念，努力为统筹区域内外的所有参合患者提供新农合管理服务。

（十四）明确定点医疗机构的责任

定点医疗机构要采取措施，提升医疗服务质量，控制不合理费用，完善制度措施，防止套骗取新农合资金等现象的发生。及时完整记录跨省就医患者相关信息，并按照要求定期将相关信息报送至所在地省级库。各级新农合经办机构要采取措施加强对省域外定点医疗机构的监管，将定点医疗机构对跨省就医费用核查工作的配合程度与定点资质的评定挂钩。

（十五）加强宣传引导

要利用多种形式大力宣传，让广大参合农民了解跨省就医费用核查和结报工作的政策和做法，主动配合分级诊疗等制度的落实。同时要注意信息公开，合理引导社会预期。

新农合跨省就医费用核查和结报工作事关广大参合群众切身利益，是基本公共服务均等化的重要体现，也是完善新农合制度建设的必然要求。各相关部门要高度重视、密切协作，确保把跨省就医费用核查和结报工作做细做实做好，促进新农合制度健康持续发展。

国家卫生计生委　财政部
2015年1月9日

城市社区卫生服务机构
管理办法（试行）

关于印发《城市社区卫生服务机构
管理办法（试行）》的通知
卫妇社发〔2006〕239号

各省、自治区、直辖市及计划单列市卫生厅（局）、中医药管理局，新疆生产建设兵团卫生局，卫生部各直属单位：

为贯彻落实《国务院关于发展城市社区卫生服务的指导意见》（国发〔2006〕10号），加强对城市社区卫生服务机构的管理，根据有关法律、法规，卫生部和国家中医药管理局制订了《城市社区卫生服务机构管理办法（试行）》，现印发给你们，请遵照执行。

中华人民共和国卫生部
国家中医药管理局
二〇〇六年六月二十九日

第一章　总　则

第一条　为贯彻落实《国务院关于发展城市社区卫生服务的指导意见》（国发〔2006〕10号），加强对城市社区卫生服务机构设置与运行的管理，保障居民公平享有安全、有效、便捷、经济的社区卫生服务，根据《中华人民共和国执业医师法》、《中华人民共和国传染病防治法》、《中华人民共和国母婴保健法》、《医疗机构管理条例》等相关法律法规制定本办法。

第二条　本办法所称社区卫生服务机构是指在城市范围内设置的、经区（市、县）级政府卫生行政部门登记注册并取得《医疗机构执业许可证》的社区卫生服务中心和社区卫生服务站。

第三条　社区卫生服务机构以社区、家庭和居民为服务对象，以妇女、儿童、老年人、慢性病人、残疾人、贫困居民等为服务重点，开展健康教育、预防、保健、康复、计划生育技术服务和一般常见病、多发病的诊疗服务，具有社会公益性质，属于非营利性医疗机构。

第四条　卫生部负责全国社区卫生服务机构的监督管理。区（市、县）级以上地方政府卫生行政部门负责本行政区域内社区卫生服务机构的监督管理。

第二章　服务功能与执业范围

第五条　社区卫生服务机构服务对象为辖区内的常住居民、暂住居民及其他有关人员。

第六条　社区卫生服务机构提供以下公共卫生服务：

（一）卫生信息管理。根据国家规定收集、报告辖区有关卫生信息，开展社区卫生诊断，建立和管理居民健康档案，向辖区街道办事处及有关单位和部门提出改进社区公共卫生状况的建议。

（二）健康教育。普及卫生保健常识，实施重点人群及重点场所健康教育，帮助居民逐步形成利于维护和增进健康的行为方式。

（三）传染病、地方病、寄生虫病预防控制。负责疫情报告和监测，协助开展结核病、性病、艾滋病、其他常见传染病以及地方病、寄生虫病的预防控制，实施预防接种，配合开展爱国卫生工作。

（四）慢性病预防控制。开展高危人群和重点慢性病筛查，实施高危人群和重点慢性病病例管理。

（五）精神卫生服务。实施精神病社区管理，为社区居民提供心理健康指导。

（六）妇女保健。提供婚前保健、孕前保健、孕产期保健、更年期保健，开展妇女常见病预防和筛查。

（七）儿童保健。开展新生儿保健、婴幼儿及学龄前儿童保健，协助对辖区内托幼机构进行卫生保健指导。

（八）老年保健。指导老年人进行疾病预防和自我保健，进行家庭访视，提供针对性的健康指导。

（九）残疾康复指导和康复训练。

（十）计划生育技术咨询指导，发放避孕药具。

（十一）协助处置辖区内的突发公共卫生事件。

（十二）政府卫生行政部门规定的其他公共卫生服务。

第七条 社区卫生服务机构提供以下基本医疗服务：

（一）一般常见病、多发病诊疗、护理和诊断明确的慢性病治疗。

（二）社区现场应急救护。

（三）家庭出诊、家庭护理、家庭病床等家庭医疗服务。

（四）转诊服务。

（五）康复医疗服务。

（六）政府卫生行政部门批准的其他适宜医疗服务。

第八条 社区卫生服务机构应根据中医药的特色和优势，提供与上述公共卫生和基本医疗服务内容相关的中医药服务。

第三章 机构设置与执业登记

第九条 社区卫生服务中心原则上按街道办事处范围设置，以政府举办为主。在人口较多、服务半径较大、社区卫生服务中心难以覆盖的社区，可适当设置社区卫生服务站或增设社区卫生服务中心。人口规模大于10万人的街道办事处，应增设社区卫生服务中心。人口规模小于3万人的街道办事处，其社区卫生服务机构的设置由区（市、县）政府卫生行政部门确定。

第十条 设区的市政府卫生行政部门负责制订本行政区域社区卫生服务机构设置规划，并纳入当地区域卫生规划、医疗机构设置规划。社区卫生服务机构设置规划须经同级政府批准，报当地省级政府卫生行政部门备案。

第十一条 规划设置社区卫生服务机构，应立足于调整卫生资源配置，加强社区卫生服务机构建设，完善社区卫生服务机构布局。政府举办的一级医院和街道卫生院应转型为社区卫生服务机构；政府举办的部分二级医院和有条件的国有企事业单位所属基层医疗机构通过结构和功能改造，可转型为社区卫生服务机构。

第十二条 新设置社区卫生服务机构可由政府设立，也可按照平等、竞争、择优的原则，通过公开招标等方式确定社区卫生服务机构举办者，鼓励社会力量参与。

第十三条 设置审批社区卫生服务机构，应征询所在街道办事处及社区居民委员会的意见。

第十四条　设置社区卫生服务机构,须按照社区卫生服务机构设置规划,由区(市、县)级政府卫生行政部门根据《医疗机构管理条例》、《医疗机构管理条例实施细则》、《社区卫生服务中心基本标准》、《社区卫生服务站基本标准》进行设置审批和执业登记,同时报上一级政府卫生行政部门备案。《社区卫生服务中心基本标准》、《社区卫生服务站基本标准》由卫生部另行制定。

第十五条　社区卫生服务中心登记的诊疗科目应为预防保健科、全科医疗科、中医科(含民族医学)、康复医学科、医学检验科、医学影像科,有条件的可登记口腔医学科、临终关怀科,原则上不登记其他诊疗科目,确需登记的,须经区(市、县)级政府卫生行政部门审核批准,同时报上一级政府卫生行政部门备案。社区卫生服务站登记的诊疗科目应为预防保健科、全科医疗科,有条件的可登记中医科(含民族医学),不登记其他诊疗科目。

第十六条　社区卫生服务中心原则上不设住院病床,现有住院病床应转为以护理康复为主要功能的病床,或予以撤消。社区卫生服务站不设住院病床。

第十七条　社区卫生服务中心为独立法人机构,实行独立核算,社区卫生服务中心对其下设的社区卫生服务站实行一体化管理。其他社区卫生服务站接受社区卫生服务中心的业务管理。

第十八条　社区卫生服务中心、社区卫生服务站是专有名称,未经政府卫生行政部门批准,任何机构不得以社区卫生服务中心、社区卫生服务站命名。社区卫生服务机构须以社区卫生服务中心或社区卫生服务站进行执业登记,原则上不得使用两个或两个以上名称。

社区卫生服务中心的命名原则是:所在区名(可选)+所在街道办事处名+识别名(可选)+社区卫生服务中心;社区卫生服务站的命名原则是:所在街道办事处名(可选)+所在社区名+社区

卫生服务站。

第十九条 社区卫生服务机构使用统一的专用标识，专用标识由卫生部制定。

第四章 人员配备与管理

第二十条 社区卫生服务机构应根据服务功能、服务人口、居民的服务需要，按照精干、效能的原则设置卫生专业技术岗位，配备适宜学历与职称层次的从事全科医学、公共卫生、中医（含中西医结合、民族医）等专业的执业医师和护士，药剂、检验等其他有关卫生技术人员根据需要合理配置。

第二十一条 社区卫生服务机构的专业技术人员须具有法定执业资格。

第二十二条 临床类别、中医类别执业医师注册相应类别的全科医学专业为执业范围，可从事社区预防保健以及一般常见病、多发病的临床诊疗，不得从事专科手术、助产、介入治疗等风险较高、不适宜在社区卫生服务机构开展的专科诊疗，不得跨类别从事口腔科诊疗。

第二十三条 临床类别、中医类别执业医师在社区卫生服务机构从事全科医学工作，申请注册全科医学专业为执业范围，须符合以下条件之一：

（一）取得相应类别的全科医学专业中、高级技术职务任职资格。

（二）经省级卫生、中医药行政部门认可的相应类别全科医师岗位培训并考核合格。

（三）参加省级卫生、中医药行政部门认可的相应类别全科医师规范化培训。

取得初级资格的临床类别、中医类别执业医师须在有关上级医师指导下从事全科医学工作。

第二十四条　根据社区卫生服务的需要，二级以上医疗机构有关专业的医护人员（含符合条件的退休医护人员），依据政府卫生行政部门有关规定，经社区卫生服务机构注册的区（市、县）级政府卫生行政部门备案，可到社区卫生服务机构从事相应专业的临床诊疗服务。

第二十五条　社区卫生技术人员需依照国家规定接受毕业后教育、岗位培训和继续教育等职业培训。社区卫生服务机构要建立健全培训制度，在区（市、县）及设区的市政府卫生行政部门支持和组织下，安排卫生技术人员定期到大中型医院、预防保健机构进修学习和培训，参加学术活动。各地政府卫生行政部门和社区卫生服务机构要积极创造条件，使高等医学院校到社区卫生服务机构从事全科医学工作的有关医学专业毕业生，逐步经过规范化培训。

第二十六条　政府举办的社区卫生服务机构要实行定编定岗、公开招聘，签订聘用合同，建立岗位管理、绩效考核、解聘辞聘等项制度。非政府举办的社区卫生服务机构，实行自主用人制度。

第二十七条　社区卫生服务工作人员要树立良好的职业道德，恪尽职守，遵纪守法，不断提高业务技术水平，维护居民健康。

第五章　执业规则与业务管理

第二十八条　社区卫生服务机构执业，须严格遵守国家有关法律、法规、规章和技术规范，加强对医务人员的教育，实施全面质量管理，预防服务差错和事故，确保服务安全。

第二十九条　社区卫生服务机构须建立健全以下规章制度。

（一）人员职业道德规范与行为准则。

（二）人员岗位责任制度。

（三）人员聘用、培训、管理、考核与奖惩制度。

（四）技术服务规范与工作制度。

（五）服务差错及事故防范制度。

（六）服务质量管理制度。

（七）财务、药品、固定资产、档案、信息管理制度。

（八）医疗废物管理制度。

（九）社区协作与民主监督制度。

（十）其他有关制度。

第三十条 社区卫生服务机构须根据政府卫生行政部门规定，履行提供社区公共卫生服务和基本医疗服务的职能。

第三十一条 社区卫生服务机构应妥善保管居民健康档案，保护居民个人隐私。社区卫生服务机构在关闭、停业、变更机构类别等情况下，须将居民健康档案交由当地区（市、县）级政府卫生行政部门妥善处理。

第三十二条 社区卫生服务机构应严格掌握家庭诊疗、护理和家庭病床服务的适应症，切实规范家庭医疗服务行为。

第三十三条 区（市、县）及设区的市政府卫生行政部门要建立信息平台，为社区卫生服务机构提供本地有关大中型医疗机构专科设置、联系方式等转诊信息，支持社区卫生服务机构与大中型医疗机构建立转诊协作关系。社区卫生服务机构对限于设备或者技术条件难以安全、有效诊治的患者应及时转诊到相应医疗机构诊治。对医院转诊病人，社区卫生服务机构应根据医院建议与病人要求，提供必要的随访、病例管理、康复等服务。

第三十四条 社区卫生服务机构提供中医药（含民族医药）服务，应配备相应的设备、设施、药品，遵守相应的中医诊疗原则、医疗技术标准和技术操作规范。

第三十五条 社区卫生服务机构应在显著位置公示医疗服务、药品和主要医用耗材的价格，严格执行相关价格政策，规范价格行为。

第三十六条 社区卫生服务机构应配备与其服务功能和执业范围相适应的基本药品。社区卫生服务机构使用药品，须严格执行药品管理法律、法规的规定，从具有合法经营资质的单位购入。严禁使用过期、失效及违禁的药品。

第六章 行业监管

第三十七条 区（市、县）级政府卫生行政部门负责对社区卫生服务机构实施日常监督与管理，建立健全监督考核制度，实行信息公示和奖惩制度。

第三十八条 疾病预防控制中心、妇幼保健院（所、站）、专科防治院（所）等预防保健机构在职能范围内，对社区卫生服务机构所承担的公共卫生服务工作进行业务评价与指导。

第三十九条 政府卫生行政部门应建立社会民主监督制度，定期收集社区居民的意见和建议，将接受服务居民的满意度作为考核社区卫生服务机构和从业人员业绩的重要标准。

第四十条 政府卫生行政部门建立社区卫生服务机构评审制度，发挥行业组织作用，加强社区卫生服务机构的服务质量建设。

第七章 附 则

第四十一条 各省、自治区、直辖市政府卫生和中医药行政部门应当根据本办法，制定具体实施细则。

第四十二条 本办法由卫生部、国家中医药管理局负责解释。

第四十三条 本办法自 2006 年 8 月 1 日起施行。

附 录

城市社区卫生服务中心基本标准

关于印发城市社区卫生服务中心、站基本标准的通知

卫医发〔2006〕240号

各省、自治区、直辖市及计划单列市卫生厅（局），中医药管理局，新疆生产建设兵团卫生局，卫生部直属有关单位，有关部委卫生局（处）：

为贯彻落实《国务院关于发展城市社区卫生服务的指导意见》，根据《医疗机构管理条例》，卫生部和国家中医药管理局制定了城市社区卫生服务中心、站基本标准，并作为卫生部1994年制发的《医疗机构基本标准（试行）》（卫医发〔1994〕第30号）的第十一部分。现将《城市社区卫生服务中心基本标准》、《城市社区卫生服务站基本标准》发给你们，请遵照执行。

中华人民共和国卫生部

国家中医药管理局

二〇〇六年六月三十日

一、城市社区卫生服务中心应按照国家有关规定提供社区基本公共卫生服务和社区基本医疗服务。

二、床位

根据服务范围和人口合理配置。至少设日间观察床5张;根据当地医疗机构设置规划,可设一定数量的以护理康复为主要功能的病床,但不得超过50张。

三、科室设置

至少设有以下科室:

1. 临床科室

全科诊室、中医诊室、康复治疗室、抢救室、预检分诊室(台)。

2. 预防保健科室

预防接种室、儿童保健室、妇女保健与计划生育指导室、健康教育室。

3. 医技及其他科室

检验室、B超室、心电图室、药房、治疗室、处置室、观察室、健康信息管理室、消毒间。

四、人员

1. 至少有6名执业范围为全科医学专业的临床类别、中医类别执业医师,9名注册护士。

2. 至少有1名副高级以上任职资格的执业医师;至少有1名中级以上任职资格的中医类别执业医师;至少有1名公共卫生执业医师。

3. 每名执业医师至少配备1名注册护士,其中至少具有1名中级以上任职资格的注册护士。

4. 设病床的,每5张病床至少增加配备1名执业医师、1名注册护士。

5. 其他人员按需配备。

五、房屋

1. 建筑面积不少于1000平方米,布局合理,充分体现保护患者隐私、无障碍设计要求，并符合国家卫生学标准。

2. 设病床的，每设一床位至少增加 30 平方米建筑面积。

六、设备

1. 诊疗设备

诊断床、听诊器、血压计、体温计、观片灯、体重身高计、出诊箱、治疗推车、供氧设备、电动吸引器、简易手术设备、可调式输液椅、手推式抢救车及抢救设备、脉枕、针灸器具、火罐。

2. 辅助检查设备

心电图机、B超、显微镜、离心机、血球计数仪、尿常规分析仪、生化分析仪、血糖仪、电冰箱、恒温箱、药品柜、中药饮片调剂设备、高压蒸汽消毒器等必要的消毒灭菌设施。

3. 预防保健设备

妇科检查床、妇科常规检查设备、身长（高）和体重测查设备、听（视）力测查工具、电冰箱、疫苗标牌、紫外线灯、冷藏包、运动治疗和功能测评类等基本康复训练和理疗设备。

4. 健康教育及其他设备

健康教育影像设备、计算机及打印设备、电话等通讯设备，健康档案、医疗保险信息管理与费用结算有关设备等。

设病床的，配备与之相应的病床单元设施。

七、规章制度

制定人员岗位责任制、在职教育培训制度，有国家制定或认可的各项卫生技术操作规程，并成册可用。

八、各省、自治区、直辖市卫生行政部门可以此为基础，根据实际情况适当提高部分指标，作为地方标准，报卫生部核准备案后施行。由医院转型的社区卫生服务中心，可根据当地实际和原医院规模等情况，给予一定过渡期，逐步调整功能和规模，达到本标准要求。

城市社区卫生服务站基本标准

关于印发城市社区卫生服务中心、站基本标准的通知

卫医发〔2006〕240号

各省、自治区、直辖市及计划单列市卫生厅（局），中医药管理局，新疆生产建设兵团卫生局，卫生部直属有关单位，有关部委卫生局（处）：

  为贯彻落实《国务院关于发展城市社区卫生服务的指导意见》，根据《医疗机构管理条例》，卫生部和国家中医药管理局制定了城市社区卫生服务中心、站基本标准，并作为卫生部1994年制发的《医疗机构基本标准（试行）》（卫医发〔1994〕第30号）的第十一部分。现将《城市社区卫生服务中心基本标准》、《城市社区卫生服务站基本标准》发给你们，请遵照执行。

中华人民共和国卫生部
国家中医药管理局
二〇〇六年六月三十日

  一、城市社区卫生服务站应按照国家有关规定提供社区基本公共卫生服务和社区基本医疗服务。

  二、床位

至少设日间观察床1张。不设病床。

  三、科室

至少设有以下科室：

全科诊室、治疗室、处置室、预防保健室、健康信息管理室。

四、人员

1. 至少配备 2 名执业范围为全科医学专业的临床类别、中医类别执业医师。

2. 至少有 1 名中级以上任职资格的执业医师；至少有 1 名能够提供中医药服务的执业医师。

3. 每名执业医师至少配备 1 名注册护士。

4. 其他人员按需配备。

五、房屋

建筑面积不少于 150 平方米，布局合理，充分体现保护患者隐私、无障碍设计要求，并符合国家卫生学标准。

六、设备

1. 基本设备

诊断床、听诊器、血压计、体温计、心电图机、观片灯、体重身高计、血糖仪、出诊箱、治疗推车、急救箱、供氧设备、电冰箱、脉枕、针灸器具、火罐、必要的消毒灭菌设施、药品柜、档案柜、电脑及打印设备、电话等通讯设备、健康教育影像设备。

2. 有与开展的工作相应的其他设备。

七、规章制度

制定人员岗位责任制、在职教育培训制度，有国家制定或认可的各项卫生技术操作规程，并成册可用。

八、各省、自治区、直辖市卫生行政部门可以此为基础，根据实际情况适当提高部分指标，作为地方标准，报卫生部核准备案后施行。

城市社区卫生服务基本工作内容（试行）

卫生部关于印发《城市社区卫生服务
基本工作内容（试行）》的通知
卫基妇发〔2001〕298号

各省、自治区、直辖市卫生厅局，新疆生产建设兵团卫生局：

为配合城市社区建设，贯彻落实《关于城镇医药卫生体制改革的指导意见》和《关于发展城市社区卫生服务的若干意见》，经征求各省级政府卫生行政部门和国家有关部委的意见，我部研究制定了《城市社区卫生服务基本工作内容（试行）》，现印发给你们。请结合实际，制定适合本地实际需要的社区卫生服务基本工作内容，并报我部备案。

二〇〇一年十月二十九日

第一条 社区卫生诊断

在街道办事处、居民委员会等社区管理部门组织领导以及卫生行政部门的指导下，了解社区居民健康状况，针对社区主要健康问题，制定和实施社区卫生工作计划。

第二条 健康教育

1. 针对社区主要健康问题，明确社区健康教育的重点对象、主要内容及适宜方式。

2. 开展面向群体和个人的健康教育，指导社区居民纠正不利于身心健康的行为和生活方式。

3. 配合开展免疫接种、预防性病艾滋病、无偿献血、生殖健康、禁毒及控烟等宣传、教育。

第三条 传染病、地方病、寄生虫病防治

1. 开展传染病、地方病及寄生虫病的社区防治。

2. 执行法定传染病登记与报告制度，并协助开展漏报调查。

3. 配合有关部门对传染源予以隔离以及对疫源地进行消毒。

4. 指导恢复期病人定期复查并随访。

5. 开展计划免疫等免疫接种工作。

第四条 慢性非传染性疾病防治

1. 开展健康指导、行为干预。

2. 开展重点慢性非传染性疾病的高危人群监测。

3. 对重点慢性非传染性疾病的患者实施规范化管理。

4. 对恢复期病人进行随访。

第五条 精神卫生

1. 开展精神卫生咨询、宣传与教育。

2. 早期发现精神疾患，根据需要及时转诊。

3. 配合开展康复期精神疾患的监护和社区康复。

第六条 妇女保健

1. 围婚期保健：开展婚前卫生咨询与指导；进行婚前医学检查宣传；开展婚后卫生指导与生育咨询。

2. 产前保健：了解孕妇的基本健康状况和生育状况；早孕初查并建册；开展孕妇及其家庭的保健指导。

3. 产后保健：开展产后家庭访视，提供产后恢复、产后避孕、家庭生活调整等方面的指导。

4. 更年期保健：提供有关生理和心理卫生知识的宣传、教育与咨询；指导更年期妇女合理就医、饮食、锻炼和用药。

5. 配合上级医疗保健机构开展妇科疾病的筛查。

第七条 儿童保健

1. 新生儿期保健：新生儿访视及护理指导；母乳喂养咨询及指导。

2. 婴幼儿期保健：早期教育；辅食添加及营养指导；生长发育评价。

3. 学龄前期保健：心理发育指导及咨询；生长发育监测；托幼机构卫生保健的指导。

4. 学龄期保健：与家长配合开展性启蒙教育和性心理咨询等。

5. 儿童各期常见病、多发病及意外伤害的预防指导。

第八条　老年保健

1. 了解社区老年人的基本情况和健康状况。

2. 指导老年人进行疾病预防和自我保健。

3. 指导意外伤害的预防、自救和他救。

第九条　社区医疗

1. 提供一般常见病、多发病和诊断明确的慢性病的医疗服务。

2. 疑难病症的转诊。

3. 急危重症的现场紧急救护及转诊。

4. 提供家庭出诊、家庭护理、家庭病床等家庭医疗服务。

第十条　社区康复

1. 了解社区残疾人等功能障碍患者的基本情况和医疗康复需求。

2. 以躯体运动功能、日常生活活动能力及心理适应能力为重点，提供康复治疗和咨询。

第十一条　计划生育技术服务

1. 在夫妻双方知情选择的前提下，指导夫妻双方避孕、节育。

2. 提供避孕药具以及相关咨询。

第十二条　开展社区卫生服务信息的收集、整理、统计、分析与上报工作。

第十三条　根据居民需求、社区卫生服务功能和条件，提供其它适宜的基层卫生服务和相关服务。

社区卫生服务中心中医药服务管理基本规范

卫生部、国家中医药管理局关于印发
《乡镇卫生院中医药服务管理基本规范》和
《社区卫生服务中心中医药服务管理基本规范》的通知
国中医药发〔2003〕56号

各省、自治区、直辖市、计划单列市卫生厅局、中医药管理局，新疆生产建设兵团卫生局：

为贯彻落实《中华人民共和国中医药条例》，进一步推动全国农村和社区卫生工作的开展，加强乡镇卫生院和社区卫生服务中心中医药服务的规范化管理，发挥中医药在农村和社区卫生工作中的优势与作用，不断满足人民群众对中医药的需求，现将《乡镇卫生院中医药服务管理基本规范》和《社区卫生服务中心中医药服务管理基本规范》印发给你们，请遵照执行。

二〇〇三年十一月二十五日

一、总则

（一）为加强中医药社区卫生服务规范化管理，充分发挥中医药在社区卫生服务中的作用，根据《中华人民共和国中医药条例》，制定本规范。

（二）本规范适用于依法设立的社区卫生服务中心。社区卫生服务中心民族医药服务管理，以及其他社区卫生服务机构中医药服务管理，可参照执行。

（三）县级以上地方人民政府负责中医药管理的部门负责对本

行政区域内社区卫生服务中心中医药服务进行监督管理,并安排专人负责。

县级以上地方人民政府负责中医药管理的部门应当将中医药服务纳入区域卫生规划和社区卫生服务发展规划,合理配置和利用中医药的资源,发挥中医药在社区卫生服务中的优势和作用。

二、中医药业务建设

(四)社区卫生服务中心应当将提供中医药服务作为其业务工作的重要内容,并配置开展中医药服务工作所需的基本设施和体现中医特色的诊疗设备。

(五)有条件的社区卫生服务中心可设置中医科,开设中药房,或者开设中医特色专科(专病)。

三、人员配备和人才培养

(六)社区卫生服务中心应当配备类别、层次和数量适宜的中医药专业技术人员。

中医药专业技术人员,应当依照有关卫生管理的法律、行政法规、部门规章的规定取得执业资格,并经注册取得执业证书后,方可从事中医药服务活动。

中医执业医师应当占执业医师总数中的一定比例,具体比例由省级中医药管理部门制定。社区卫生服务中心应当至少有1名中级以上职称的中医专业技术人员。

(七)50%以上的临床执业医师接受过省级中医药管理部门认可的相关中医药知识与技能培训;中医执业医师应当接受全科医师岗位培训。

建立鼓励二三级中医医疗机构有关在职及退休中医人员到社区卫生服务中心兼职服务的制度。

四、中医药服务基本内容

(八)预防

1. 充分发挥中医药特色和优势,积极参与传染病的预防工作;

2. 开展 2 种以上常见病、多发病、慢性病中医药防治一体化的服务，运用中医理论与技术，参与健康指导和行为干预；

3. 居民健康档案中体现中医内容。

（九）医疗

1. 提供基本的中医医疗服务，在门诊、病房、出诊、家庭病床等工作中运用中医理论辨证论治处理社区的常见病、多发病、慢性病；

2. 根据"简、便、验、廉"的原则，运用包括中药、针灸、推拿、火罐、敷贴、刮痧、熏洗、穴位注射、热熨等在内的 4 种以上的中医药治疗方法；

3. 提供中成药和中药饮片品种数量应当满足开展中医药服务需要。中成药品种应当在 50 种以上，中药饮片应当在 250 种以上。

（十）保健

1. 制定有中医药内容的适合社区老年人、妇女、儿童等重点人群以及亚健康人群的保健方案，并组织实施；

2. 开展具有中医特色的养生保健工作。

（十一）康复

运用中医药方法结合现代理疗手段，开展中医康复医疗服务。

（十二）健康教育

运用多种形式，宣传中医药防病、保健知识，能够提供有中医药内容的健康教育。

（十三）计划生育咨询以及技术指导

运用中医药知识开展优生优育、生殖保健和孕产妇保健的咨询及指导。

（十四）提供中医药服务应当严格遵守国家有关中医诊断治疗原则、医疗技术标准和技术操作规范。

关于进一步规范社区卫生服务管理和提升服务质量的指导意见

国卫基层发〔2015〕93号

各省、自治区、直辖市卫生计生委、中医药管理局,新疆生产建设兵团卫生局:

为落实《中共中央 国务院关于深化医药卫生体制改革的意见》、《国务院关于促进健康服务业发展的若干意见》(国发〔2013〕40号)、《国务院关于加快发展养老服务业的若干意见》(国发〔2013〕35号)、《国务院关于进一步推进户籍制度改革的意见》(国发〔2014〕25号)、《国务院办公厅关于推进分级诊疗制度建设的指导意见》(国办发〔2015〕70号)等文件精神,现就进一步规范社区卫生服务管理,提升社区卫生服务质量和能力提出如下意见:

一、规范社区卫生服务机构设置与管理

(一)健全社区卫生服务机构网络

综合考虑区域内卫生计生资源、服务半径、服务人口以及城镇化、老龄化、人口流动迁移等因素,制定科学、合理的社区卫生服务机构设置规划,按照规划逐步健全社区卫生服务网络。在城市新建居住区或旧城改造过程中,要按有关要求同步规划建设社区卫生服务机构,鼓励与区域内养老机构联合建设。对流动人口密集地区,应当根据服务人口数量和服务半径等情况,适当增设社区卫生服务机构。对人口规模较大的县和县级市政府所在地,应当根据需要设置社区卫生服务机构或对现有卫生资源进行结构和功能改造,发展社区卫生服务。在推进农村社区建设过程中,应当因地制宜地同步完善农村社区卫生服务机构。城镇化进程中,村委会改居委会后，各地可根据实际情况，按有关标准将原村卫生室改造为社区卫生服务站或撤销村卫生室。

（二）充分发挥社会力量办医的积极作用

城市社区卫生服务网络的主体是社区卫生服务中心和社区卫生服务站，诊所、门诊部、医务室等其他承担初级诊疗任务的基层医疗卫生机构是社区卫生服务网络的重要组成部分。各地应当积极创造条件，鼓励社会力量举办基层医疗卫生机构，满足居民多样化的健康服务需求。鼓励各地积极探索通过政府购买服务的方式，对社会力量举办的基层医疗卫生机构提供的基本医疗卫生服务予以补助。

（三）规范全科医生执业注册

在社区卫生服务机构从事全科医疗（含中医）工作的临床医师，通过全科医师规范化培训或取得全科医学专业中高级技术职务任职资格的，注册为全科医学专业；通过省级卫生计生行政部门和中医药管理部门认可的全科医师转岗培训和岗位培训，其执业范围注册为全科医学，同时可加注相应类别的其他专业。各地要在2016年6月底前完成现有符合条件人员的注册变更工作，具体注册办法由省级卫生计生行政部门、中医药管理部门制定。

（四）改善社区卫生服务环境

社区卫生服务机构要为服务对象创造良好的就诊环境，规范科室布局，明确功能分区，保证服务环境和设施干净、整洁、舒适、温馨，体现人文关怀。预防接种、儿童保健、健康教育和中医药服务区域应当突出特色，营造适宜服务氛围；挂号、分诊、药房等服务区域鼓励实行开放式窗口服务。鼓励使用自助挂号、电子叫号、化验结果自助打印、健康自测等设施设备，改善居民就诊体验。规范使用社区卫生服务机构标识，统一社区卫生服务机构视觉识别系统，统一工作服装、铭牌、出诊包等，机构内部各种标识须清晰易辨识。保护就诊患者隐私权，有条件的应当做到一医一诊室。完善机构无障碍设施，创造无烟机构环境，做到社区卫生服务机构内全面禁止吸烟。

二、加强社区基本医疗和公共卫生服务能力建设

（一）提升社区医疗服务能力

社区卫生服务机构应当重点加强全科医学及中医科室建设，提高常见病、多发病和慢性病的诊治能力。可根据群众需求，发展康复、口腔、妇科（妇女保健）、儿科（儿童保健）、精神（心理）等专业科室。综合考虑服务需求、老龄化进程、双向转诊需要和机构基础条件等因素，以市辖区为单位统筹规划社区卫生服务机构病床规模，合理设置每个社区卫生服务机构床位数，提高床位使用效率。社区卫生服务机构病床以护理、康复为主，有条件的可设置临终关怀、老年养护病床。乡镇卫生院转型为社区卫生服务中心的，其住院床位和内设科室可根据实际需要予以保留或调整。根据分级诊疗工作需要，按照有关规定和要求配备所需药品品种，满足患者用药需求。

（二）加强与公立医院上下联动

支持社区卫生服务机构与公立医院之间建立固定协作关系，探索推动医疗联合体建设。协作医院应当为社区卫生服务机构预留一定比例的门诊号源，开通转诊绿色通道，优先安排转诊患者就诊。鼓励公立医院医生到社区卫生服务机构多点执业，通过坐诊、带教、查房等多种方式，提升社区卫生服务能力。以高血压、糖尿病、结核病等疾病为切入点，搭建全科医生与公立医院专科医生联系沟通平台，加强分工协作，上下联动，探索社区首诊和双向转诊制度。逐步建立公立医院出院患者跟踪服务制度，为下转患者提供连续性服务。推进远程医疗系统建设，开展远程会诊、医学影像、心电诊断等远程医疗服务。充分利用公立医院等资源，发展集中检验，推动检查检验互认，减少重复就医。

（三）落实社区公共卫生服务

充分利用居民健康档案、卫生统计数据、专项调查等信息，定

期开展社区卫生诊断,明确辖区居民基本健康问题,制订人群健康干预计划。实施好国家基本公共卫生服务项目,不断扩大受益人群覆盖面。严格执行各项公共卫生服务规范和技术规范,按照服务流程为特定人群提供相关基本公共卫生服务,提高居民的获得感。加强社区卫生服务机构与专业公共卫生机构的分工协作,合理设置公共卫生服务岗位,进一步整合基本医疗和公共卫生服务,推动防治结合。在稳步提高公共卫生服务数量的同时,注重加强对公共卫生服务质量的监测和管理,关注健康管理效果。

(四)大力发展中医药服务

在基本医疗和公共卫生服务以及慢性病康复中,充分利用中医药资源,发挥中医药的优势和作用。有条件的社区卫生服务中心集中设置中医药综合服务区。加强合理应用中成药的宣传和培训,推广针灸、推拿、拔罐、中医熏蒸等适宜技术。积极开展中医"治未病"服务,为社区居民提供中医健康咨询、健康状态辨识评估及干预服务,大力推广普及中医药健康理念和知识。

(五)加强社区卫生人才队伍建设

合理配置社区卫生服务机构人员岗位结构,加强以全科医生、社区护士为重点的社区卫生人员队伍建设。继续加大对全科医生规范化培训的支持力度,积极采取措施,鼓励医学毕业生参加全科医生规范化培训。大力推进全科医生转岗培训,充实全科医生队伍。以提高实用技能为重点,加强社区卫生在岗人员培训和继续医学教育,社区卫生技术人员每5年累计参加技术培训时间不少于3个月。各地要定期开展社区卫生服务机构管理人员培训,培养一批懂业务、会管理、群众满意的管理人员。

三、转变服务模式,大力推进基层签约服务

(一)加强签约医生团队建设

签约医生团队由二级以上医院医师与基层医疗卫生机构的医务人员组成。根据辖区服务半径和服务人口,合理划分团队责任区域，实行网格化管理。签约医生团队应当掌握辖区居民主要健康问题，开展健康教育和健康促进、危险因素干预和疾病防治，实现综合、连续、有效的健康管理服务。到2020年，力争实现让每个家庭拥有一名合格的签约医生，每个居民有一份电子化的健康档案。

（二）大力推行基层签约服务

推进签约医生团队与居民或家庭签订服务协议，建立契约式服务关系。在签约服务起始阶段，应当以老年人、慢性病和严重精神障碍患者、孕产妇、儿童、残疾人等长期利用社区卫生服务的人群为重点，逐步扩展到普通人群。在推进签约服务的过程中，要注重签约服务效果，明确签约服务内容和签约条件，确定双方应当承担的责任、权利、义务等事项，努力让居民通过签约服务能够获得更加便利的医疗卫生服务，引导居民主动签约。探索提供差异性服务、分类签约、有偿签约等多种签约服务形式，满足居民多层次服务需求。完善签约服务激励约束机制，签约服务费用主要由医保基金、签约居民付费和基本公共卫生服务经费等渠道解决。

（三）开展便民服务

社区卫生服务机构要合理安排就诊时间，有条件的社区卫生服务机构应当适当延长就诊时间和周末、节假日开诊，实行错时服务，满足工作人群就诊需求。鼓励各地以慢性病患者管理、预防接种、儿童保健、孕产妇保健等相关服务对象为重点，逐步开展分时段预约诊疗服务。对重点人群开展定期随访，对有需要的病人进行上门访视。大力发展社区护理，鼓励开展居家护理服务。

（四）做好流动人口社区卫生服务

各地要将农民工及其随迁家属纳入社区卫生服务机构服务范围，根据实际服务人口合理配置卫生技术人员，方便流动人群就近获得医疗卫生服务。流动人口按有关规定与居住地户籍人口同等享受免费基本公共卫生服务。要深入流动人口集中区域，采取宣讲、壁报、发放材料、新媒体等多种形式开展宣传，使其了解国家基本公共卫生服务项目的服务对象、内容、流程等。针对流动人口的特点,应当重点加强健康教育、传染病防控、预防接种、孕产妇保健等公共卫生服务。

(五)延伸社区卫生服务功能

根据社区人群基本医疗卫生需求,不断完善社区卫生服务内容,丰富服务形式,拓展服务项目。鼓励社区卫生服务机构与养老服务机构开展多种形式的合作,加强与相关部门配合,协同推进医养结合服务模式。鼓励社区卫生服务机构面向服务区域内的机关单位、学校、写字楼等功能社区人群,开展有针对性的基本医疗卫生服务。引导社区居民参与社区卫生服务,通过开展慢性病患者俱乐部或互助小组、培训家庭保健员等形式,不断提高居民自我健康管理意识。

四、加强社区卫生服务保障与监督管理

(一)加强医疗质量安全保障

严格执行医疗质量管理的有关法律法规、规章制度及诊疗规范,加强医疗质量控制。加强一次性医疗用品、消毒剂、消毒器械等索证和验证工作。对口腔科、消毒供应室、治疗室、换药室和清创室等重点部门医疗器械和环境要严格执行清理、消毒和灭菌。加强院内感染控制,严格执行消毒灭菌操作规范,按要求处理医疗废物,实行登记管理制度,保证医疗安全。严格遵守抗菌药物、激素的使用原则及联合应用抗菌药物指征。合理选用给药途径,严控抗菌药物、激素、静脉用药的使用比例,保证用药与诊断相符。完善医疗风险分担机制,鼓励社区卫生服务机构参加医疗责任保险。

(二)加强信息技术支撑

推进使用居民就医"一卡通",用活用好电子健康档案。以省(区、市)为单位,统筹社区卫生服务机构信息管理系统建设,进一步整合妇幼保健、计划生育、预防接种、传染病报告、严重精神障碍等各相关业务系统,避免数据重复录入。推动社区卫生信息平台与社区公共服务综合信息平台有效对接，促进社区卫生服务与其他社区公共服务、便民利民服务、志愿互助服务有机融合和系统集成。不断完善社区卫生服务信息管理系统功能，逐步实现预约、挂号、诊疗、转诊、公共卫生服务以及收费、医保结算、检验和药品管理等应用功能，加强机构内部信息整合共享，逐步通过信息系统实现服务数量和质量动态监管。加强区域卫生信息平台建设，推动各社区卫生服务机构与区域内其他医疗卫生机构之间信息互联互通、资源共享。充分利用移动互联网、智能客户端、即时通讯等现代信息技术，加强医患互动，改善居民感受，提高服务效能。

(三) 加强政策支持和绩效考核

各级卫生计生行政部门、中医药管理部门要推动落实社区卫生服务机构建设、财政补助、人事分配等相关保障政策，充分调动社区医务人员的积极性。进一步加强对社区卫生服务机构的监督管理，建立健全各项管理制度，加强社区卫生服务机构文化和医德医风建设。各地要不断完善绩效考核制度，将提升服务质量有关内容纳入社区卫生服务机构考核重点内容，推动社区卫生服务机构持续改善服务，提高居民信任度和利用率。

国家卫生计生委
国家中医药管理局
2015 年 11 月 17 日

城市社区公共卫生服务专项
补助资金管理办法

财政部 卫生部关于印发《城市社区公共卫生服务专项补助资金管理办法》的通知

财社〔2008〕2号

各省、自治区、直辖市、计划单列市财政厅（局）、卫生厅（局），新疆生产建设兵团财务局、卫生局：

为规范和加强城市社区公共卫生服务专项补助资金管理，我们制定了《城市社区公共卫生服务专项补助资金管理办法》，现印发给你们，请遵照执行。执行中发现的问题，请及时反馈财政部、卫生部。

二〇〇八年一月七日

第一条 为规范城市社区公共卫生服务专项补助资金（以下简称专项补助资金）分配和使用管理，提高资金使用效益，根据《国务院关于发展城市社区卫生服务的指导意见》（国发〔2006〕10号）、《财政部、国家发展改革委、卫生部关于城市社区卫生服务补助政策的意见》（财社〔2006〕61号）及有关规定，制定本办法。

第二条 本办法所称专项补助资金是指各级财政安排的专项用于城市社区卫生服务机构为社区居民提供社区公共卫生服务的补助资金。

第三条 各级财政要努力调整支出结构，增加投入，建立健全稳定的城市社区公共卫生服务经费保障机制。区级和设区的市级政府承担社区卫生服务补助的主要责任，应按社区服务人口人均一定标准在预算中安排专项补助资金。

第四条 中央财政根据城市社区公共卫生服务人口和国家规定的人均补助标准，在统筹考虑公共卫生服务工作绩效考核情况的基础上，确定对地方的专项补助资金。省级财政也要安排必要的专项转移支付资金，支持困难地区发展社区公共卫生服务。

第五条 中央财政按照当年全额预拨、次年考核结算的办法下达专项补助资金，对经考核后未完成目标任务的地区，相应扣减次年的专项补助资金。绩效考核以国家规定的公共卫生服务项目为基础，重点考核社区公共卫生服务人口覆盖率、国家免疫规划疫苗接种率、基本卫生常识知晓率、传染病和慢性病管理率等工作指标完成情况。具体绩效考核办法由财政部、卫生部另行制定。

第六条 各级财政部门要统筹考虑上级财政和本级财政安排的专项补助资金，会同卫生部门分配并下达专项补助资金。省级和地市级财政、卫生部门要结合本地实际，制定本地区绩效考核的具体办法。

第七条 省级卫生部门会同财政部门，根据国家确定的基本公共卫生服务项目，结合本地经济社会发展水平和财政承受能力，确定本地区应提供的公共卫生服务项目，并负责组织社区公共卫生服务项目的成本核算，制定成本补偿标准，为合理确定省级专项补助资金规模、绩效考评办法等提供依据。针对个体的公共卫生服务项目（如计划免疫等），可以通过核算人均成本确定单位补助定额；针对群体的公共卫生服务项目（如健康教育等），可以通过核算综合成本确定综合补助定额；也可以将所有公共卫生服务项目统一打包，核定单一的综合补助定额。服务成本的确定应合理弥补人工、耗材及公共卫生服务应分摊的必要的公用经费等成本，人工成本包括工资及按规定缴纳的社会保险费等。

第八条 区级财政根据社区卫生服务机构的服务人口数和提

供的公共卫生服务项目的数量、质量以及单位（或综合）项目补助定额，在全面考核评价的基础上核定对社区卫生服务机构的具体补助金额。

第九条 区级卫生部门应会同财政部门按照上级政府的有关规定，选择确定社区公共卫生服务提供机构，并按照有关规定进行管理和监督。区级财政、卫生部门要加强对社区卫生服务机构的绩效考评，并通过适当的方式向社会公开绩效考评结果，接受社会监督。绩效考评工作由区级财政、卫生部门按照市级政府的有关规定具体组织实施。有条件的地区，也可以委托中介机构开展绩效考评工作。中介机构的聘请应通过招投标的方式产生。

第十条 社区公共卫生服务机构选定后，区级财政按照年初预拨、年末结算或当年预拨、次年结算的办法拨付专项补助资金。补助资金通过国库集中支付方式直接拨付给社区卫生服务机构。

第十一条 社区卫生服务机构应当按照政府的规定，为社区居民提供公共卫生服务，并按照医院财务会计制度的要求加强专项补助资金管理，确保资金专款专用。同时，进一步建立健全内部财务管理办法、机制，规范会计核算，提高财务收支透明度。要严格执行政府有关部门确定的收支项目、标准，不得违规收费和超范围、超标准开支。

第十二条 省级财政、卫生部门要及时将中央财政专项补助资金分配使用情况上报财政部、卫生部，有关资金分配文件要同时抄送财政部驻当地财政监察专员办事处。

第十三条 各级财政、卫生部门要加强对专项补助资金的管理，确保专项补助资金全部用于为社区居民提供公共卫生服务。各级财政、卫生部门不得以任何形式截留、挤占和挪用专项补助资金，不得将专项补助资金用于社区卫生服务机构基础设施建设、设备配备、人员培训等其他支出，也不得用于社区卫生以外的其他支出。对截留、挤占和挪用专项补助资金的，要按照有关法律法规严肃处理;对虚报、瞒报有关情况骗取上级专项补助资金的,除责令其立即纠正外,将相应核减上级专项补助资金,并按规定追究有关单位和人员责任。

第十四条 各省级财政、卫生部门可结合本地实际,制定本地区社区公共卫生服务专项补助资金的具体管理办法。

第十五条 本办法自印发之日起执行,由财政部商卫生部负责解释。

关于城市社区卫生服务
补助政策的意见

财社〔2006〕61号

各省、自治区、直辖市、计划单列市财政厅（局）、发展改革委、卫生厅（局）：

为明确政府对社区卫生服务的补助范围及内容，规范政府补助方式，加强财务管理，促进社区卫生服务事业发展，根据《国务院关于发展城市社区卫生服务的指导意见》（国发〔2006〕10号）的有关规定，现就城市社区卫生服务补助政策提出如下意见。

一、政府补助原则

（一）支持社区卫生服务机构向社区居民提供安全、有效、便捷、经济的公共卫生和基本医疗服务，维护社区卫生服务的公益性，不断提高社区居民的健康水平。

（二）社区卫生服务机构的设置应与当地的人口、经济发展水平相适应。要根据区域卫生规划的要求，合理确定社区卫生服务机构的数量、规模和布局，努力保证开展社区卫生服务基础设施和条件。

（三）坚持政府主导，鼓励社会参与，多渠道发展社区卫生服务。政府或社会力量举办的社区卫生服务机构为社区居民提供公共卫生服务，均可按照有关规定享受政府补助。

（四）加大政府投入力度，完善政府投入方式，创新社区卫生服务投入机制。通过实行绩效考评、购买服务等办法，着力提高资金使用和服务效率。

二、政府补助范围及责任划分

政府对社区卫生服务的补助包括：按规定为社区居民提供公共

卫生服务的经费，社区卫生服务机构的基本建设、房屋修缮、基本设备配置、人员培训和事业单位养老保险制度建立以前按国家规定离退休人员的费用等方面的投入和支出。

区级和设区的市级政府承担社区卫生服务补助的主要责任，要根据卫生部等部门制定的城市社区基本公共卫生服务项目和服务规范以及市（地）级以上政府有关规定，结合本地财政经济状况，按社区服务人口人均一定标准在预算中安排社区公共卫生服务经费，并按规定安排基本建设、房屋修缮、基本设备配置、人员培训和事业单位养老保险制度建立以前的离退休人员费用等经费。省级政府要按照基本公共卫生服务均等化的要求，安排必要的专项转移支付资金，支持困难地区发展社区卫生服务。中央财政从2007年起安排专项转移支付资金，对中、西部地区按社区服务人口人均3元和4元并统筹考虑各地社区公共卫生服务工作的绩效考核情况给予补助。中央对中西部地区社区卫生服务的基础设施建设、基本设备配置和人员培训等给予必要的支持。各级政府在安排相关经费补助时，要统筹考虑支持中医药在社区卫生服务中发挥作用。

三、政府补助内容和方式

（一）公共卫生服务经费补助

政府或社会力量举办的社区卫生服务机构按市（地）级以上政府的有关规定，为社区居民提供传染病、地方病、寄生虫病和有关慢性病预防控制，有关妇女、儿童、老年保健，健康教育，计划生育技术服务，卫生信息管理等公共卫生服务，列入政府补助范围。

社区公共卫生服务由政府采取购买服务的方式，根据社区卫生服务机构服务人口数和提供的公共卫生服务项目、数量、质量以及单位（或综合）项目补助定额，在全面考核评价的基础上核定补助。单位（综合）项目补助定额由财政、卫生主管部门在合理分摊有关公共卫生和基本医疗服务成本的基础上，按照合理弥补人工、耗材等成本的原则确定。人工成本包括工资及按规定缴纳的社会保险费等。暂不具备条件的，可以按人员基本工资和开展公共卫生服务所需经费核定政府举办的社区卫生服务机构财政补助。同时，要在社区卫生服务机构内建立完善按岗位管理的人事管理制度和收入分配办法，努力提高服务效率，并积极创造条件完善财政补助机制。

社区卫生服务机构参与突发公共卫生事件处理和灾害防疫等工作所需补助经费，由区级财政部门会同卫生部门根据实际情况核定。

（二）房屋修缮、基本设备配置、人员培训和离退休人员经费等经费补助

社区卫生服务机构房屋修缮、基本设备配置和人员培训等所需资金按项目支出预算办法核定补助。

对符合区域卫生规划的政府举办的社区卫生服务机构，其房屋修缮、基本设备配置，经有关部门批准和专家论证后，进入财政专项资金补助滚动项目库，由同级政府本着轻重缓急的原则统筹安排。对社会力量举办的符合区域卫生规划的社区卫生服务机构，其房屋修缮、基本设备配置所需经费，同级政府可根据实际情况给予适当补助。

根据社区卫生服务工作实际需要，针对社区卫生服务人员开展的岗位培训等有关培训，由同级财政给予适当补助，并根据是否取得相应的从业资格等考核结果核拨。

在事业单位养老保险制度建立以前，政府举办的社区卫生服务机构符合国家规定离退休的人员费用，根据离退休人数和国家统一规定的离退休金、补贴项目和标准由同级财政核定补助。

基本医疗服务原则上通过医疗保险、医疗救助以及个人付费等方式，由服务收费补偿。因政策原因造成的基本医疗服务亏损，由

同级财政根据基本医疗服务成本与收费标准之间的差额，统筹考虑社区卫生服务机构的整体收支情况给予适当补助。

（三）固定资产投资

社区卫生服务机构建设要充分利用现有资源，对政府举办的一级、部分二级医院和国有企事业单位所属基层医疗机构进行转型或改造设立，同时，按照填平补齐的原则辅以改扩建和新建，保证社区卫生服务工作的实际需要。政府举办的社区卫生服务机构的建设项目，按照社区卫生服务机构建设标准、建设程序编报项目建议书、可行性研究报告、初步设计方案等，按分级管理的要求，经发展改革部门综合平衡、审核批准后，列入年度投资计划，所需资金由同级发展改革部门核定安排，上级发展改革部门根据实际情况对困难地区给予支持。其它项目按规定纳入国家基本建设程序管理。

四、政府补助及社区卫生服务收支的管理和监督

（一）加强政府补助资金的监督管理

各级财政、发展改革、卫生等部门按照职责分工，依法对社区卫生服务政府补助资金的分配、核拨、使用，实施全过程监督管理，加强追踪问效。

社区公共卫生服务经费补助要与服务效果挂钩，由卫生、财政部门在严格监督和考核评价社区卫生服务机构提供的服务情况的基础上予以核拨，努力提高社区卫生服务质量。对服务效果好的，适当给予奖励；对服务效果差的，相应扣减补助，以提高财政补助资金使用效益。

按规定实行项目管理的房屋修缮、基本设备配置、人员培训等专项资金，必须专款专用。项目由卫生和财政部门共同组织立项、评审、实施、检查、验收。项目所需设备按规定实行政府采购。

基本建设要按国家有关规定严格实施项目法人责任制，认真贯彻《中华人民共和国招标投标法》，保证设计、施工、监理、采购

招标、投标工作公开、公正。建设项目要严格按照批准的规模、标准和内容建设，并按有关规定实施项目建设稽查、审计、竣工验收等制度。有关部门要加强监督、规范管理，保证工程质量。

（二）加强社区卫生服务机构收支的监督管理

各级财政、卫生部门要根据社区卫生服务机构的特点，加强财务监管，规范其收支行为，探索建立和完善社区卫生服务机构收支运行机制。

为维护社区卫生服务特别是基本医疗服务的公益性，各地财政、卫生部门要结合本地实际，制定社区卫生服务机构的财务管理办法，明确收入和支出的范围、项目和标准，严格要求社区卫生服务机构将所有收入和支出纳入单位预算、统一管理。有条件的地区可开展收支两条线管理试点，政府举办的社区卫生服务机构取得的各项收入全部上交同级卫生行政部门或财政部门，支出由同级卫生行政部门或财政部门按规定核定安排。

各级卫生、财政部门还要建立和完善社区公共卫生服务绩效考评体系，将服务项目完成情况、社区居民满意度、社区居民健康指标改进等绩效因素，纳入考核范围，进行综合考核评价，为核拨政府补助提供可靠的依据。探索社区卫生服务财务收支公示制度，让社区居民参与监督。同时，开展经常性的监督检查和重点检查，督促社区卫生服务机构规范收支管理，提供价格低廉、优质高效的服务。

（三）加强内部财务管理

社区卫生服务机构要严格执行国家有关事业单位以及医院财务会计制度，建立健全内部财务管理办法、机制，规范会计核算，提高财务收支透明度。要严格执行政府有关部门确定的收支项目、标准，不得违规收费和超范围、超标准开支。对违反规定挤占、挪用、截留财政资金和造成损失浪费的部门、单位和个人，要按有关规定严肃查处。

各地财政、发展改革、卫生部门要在当地政府的领导下，按照上述要求，结合本地实际情况，研究制定具体措施和办法，各负其责，健全机制，抓好落实，确保社区卫生服务事业健康有序地发展。

中华人民共和国财政部

国家发展改革委

中华人民共和国卫生部

二〇〇六年七月十三日

城市社区卫生服务机构设置和编制标准指导意见

中央编办发〔2006〕96号

为贯彻落实《国务院关于发展城市社区卫生服务的指导意见》(国发〔2006〕10号)提出的"到2010年全国地级以上城市和有条件的县级市建立比较完善的城市社区卫生服务体系"的工作目标,按照政府主导、鼓励社会力量参与,多渠道发展社区卫生服务的原则,指导社区卫生服务机构合理配置人力资源,保证功能发挥,提高运行效率,加快发展社区卫生服务,现就城市社区卫生服务机构设置和编制标准提出如下指导意见。

一、基本原则

(一)机构设置和编制核定

社区卫生服务机构的设置和编制的核定,要符合事业单位改革和医疗卫生体制改革的方向以及区域卫生规划的要求;要立足于调整现有卫生资源,辅之以改扩建和新建,避免重复建设;要统筹考虑地区之间的经济发展差异,保障城市居民享受到最基本的社区卫生服务。政府举办的社区卫生服务机构为公益性事业单位,按其公益性质核定的社区卫生服务机构编制为财政补助事业编制。机构设置,要有利于方便群众就医;人员编制的核定,要符合精干、高效的要求,保证社区卫生服务机构最基本的工作需要。

二、机构设置

(一)社区卫生服务机构的构成

社区卫生服务机构由社区卫生服务中心和社区卫生服务站组成,具备条件的地区可实行一体化管理。

（二）社区卫生服务机构的设置范围

政府原则上按照街道办事处范围或3-10万居民规划设置社区卫生服务中心，根据需要可设置若干社区卫生服务站。新建社区，可由所在街道办事处范围的社区卫生服务中心就近增设社区卫生服务站。

（三）社区卫生服务中心的举办形式

要进一步加大政府举办社区卫生服务中心的力度，同时按照平等、竞争、择优的原则，鼓励社会力量举办。社区卫生服务中心主要通过对现有一级、部分二级医院和国有企事业单位所属医疗机构等进行转型或改造设立，也可由综合性医院举办。街道办事处范围内的一级医院和街道卫生院，可按照本意见的标准，直接改造为社区卫生服务中心。人员较多、规模较大的二级医院，可按本意见的标准，选择符合条件的人员，在医院内组建社区卫生服务中心，实行人事、业务、财务的单独管理。社会力量举办的卫生医疗机构，符合资质条件和区域卫生规划的，也可以认定为社区卫生服务中心，提供社区卫生服务。街道办事处范围内没有上述医疗单位的，在做好规划的基础上，政府应当建设社区卫生服务中心，或引进卫生资源举办社区卫生服务中心。

（四）社区卫生服务站的举办形式

社区卫生服务站举办主体可多元化。社区卫生服务站可由社区卫生服务中心举办，或由综合性医院、专科医院举办，也可按照平等、竞争、择优的原则，根据国家有关标准，通过招标选择社会力量举办。

三、职能配置

（一）社区卫生服务机构的服务对象

社区卫生服务机构以社区、家庭和居民为服务对象，主要承担疾病预防等公共卫生服务和一般常见病、多发病的基本医疗服务。对危急重病、疑难病症治疗等，应交由综合性医院或专科医院承担。

（二）社区卫生服务机构的主要职责

社区预防：社区卫生诊断，传染病疫情报告和监测，预防接种，结核病、艾滋病等重大传染病预防，常见传染病防治，地方病、寄生虫病防治，健康档案管理，爱国卫生指导等。

社区保健：妇女保健，儿童保健，老年保健等。

社区医疗：一般常见病、多发病的诊疗，社区现场救护，慢性病筛查和重点慢性病病例管理，精神病患者管理，转诊服务等。

社区康复：残疾康复，疾病恢复期康复，家庭和社区康复训练指导等。

社区健康教育：卫生知识普及，个体和群体的健康管理，重点人群与重点场所健康教育，宣传健康行为和生活方式等。

社区计划生育：计划生育技术服务与咨询指导，发放避孕药具等。

（三）疾病预防控制、妇幼保健机构的职能调整

疾病预防控制机构和妇幼保健机构应根据机构编制部门和卫生行政部门的意见，将适宜社区承担的公共卫生服务工作交给社区卫生服务机构，并对其进行业务指导和技术支持。各级机构编制部门应根据本地区疾病预防控制机构、妇幼保健机构、社区卫生服务机构实际承担职能的情况，对其编制进行统筹考虑。

四、编制配备

（一）核编范围

国家只核定政府举办的社区卫生服务中心的人员编制，社区卫生服务中心和综合性医院、专科医院举办的社区卫生服务站不再核定人员编制。

（二）核编标准

原则上社区卫生服务中心按每万名居民配备2-3名全科医师，1名公共卫生医师。每个社区卫生服务中心在医师总编制内配备一

定比例的中医类别执业医师。全科医师与护士的比例，目前按 1∶1 的标准配备。其他人员不超过社区卫生服务中心编制总数的 5%。具体某一社区卫生服务中心的编制，可根据该中心所承担的职责任务、服务人口、服务半径等因素核定。服务人口在 5 万居民以上的社区卫生服务中心，核编标准可适当降低。社区卫生服务中心的人员编制应结合现有基层卫生机构的转型和改造，首先从卫生机构现有人员编制中调剂解决，同时相应核销有关机构的编制。要充分利用退休医务人员资源。

五、机构编制管理

（一）指导意见的实施

各省、自治区、直辖市机构编制部门会同卫生、财政、民政等部门根据本指导意见，结合本地实际制定本省、自治区、直辖市社区卫生服务机构设置和编制标准实施办法。各地在制定实施办法时，可根据本地经济和财政状况、社区卫生服务需求状况、交通状况、人口密度等，在本指导意见编制标准的基础上掌握适当的幅度。各地要根据国务院确定的工作目标，结合本地社区卫生服务工作进展情况，本着适应需要、从严掌握、逐步到位的原则，合理设置机构、核定和使用编制。

（二）机构编制的审批程序

省级卫生行政部门根据本省（自治区、直辖市）社区卫生服务机构的设置标准，对社区卫生服务机构的设置和人员编制的数额提出审核意见，省、自治区、直辖市机构编制部门会同财政部门核定社区卫生服务机构的人员编制。

（三）编制管理

社区卫生服务中心采取定编不定人的办法，在核定的编制范围内，由社区卫生服务中心公开招聘所需人员，不得超编进人。受聘全科医师等卫生技术人员必须符合卫生行政部门确定的资质条件。

（四）严肃机构编制纪律

社区卫生服务机构及其人员编制由机构编制部门集中统一管理，其他部门和社会组织不得进行任何形式的干预，下发文件和部署工作不得涉及社区卫生服务机构和人员编制方面的内容。

机构编制部门会同有关部门负责督促检查本指导意见的落实情况。

中央编办　卫生部
财政部　民政部
2006 年 8 月 18 日